U0828599

知识生产的原创基地
BASE FOR ORIGINAL CREATIVE CONTENT

颉腾商业
JIE TENG BUSINESS

# 债务之辩

24位一线经济学家
多维度解读发债、投资与消费

新经济学家智库　编著

Debate
On Debt

华龄出版社
HUALING PRESS

**图书在版编目（CIP）数据**

债务之辩 ： 24 位一线经济学家多维度解读发债、投资与消费 / 新经济学家智库编著. -- 北京 ： 华龄出版社, 2024. 8. -- ISBN 978-7-5169-2851-6

Ⅰ. F123.16

中国国家版本馆 CIP 数据核字第 20241RE332 号

**策　　划** 颉腾文化　　**装帧设计** 王建敏

**责任编辑** 貌晓星　　**责任印制** 李未圻

**书　　名** 债务之辩：24 位一线经济学家多维度解读发债、投资与消费

**出版发行** 华龄出版社 HUALING PRESS　　**作　　者** 新经济学家智库

**社　　址** 北京市东城区安定门外大街甲 57 号　　**邮　　编** 100011

**发　　行**（010）58122255　　**传　　真**（010）84049572

**承　　印** 文畅阁印刷有限公司

**版　　次** 2024 年 8 月第 1 版　　**印　　次** 2024 年 8 月第 1 次印刷

**规　　格** 650mm × 910mm　　**开　　本** 1/16

**印　　张** 13.75　　**字　　数** 187 千字

**书　　号** ISBN 978-7-5169-2851-6

**定　　价** 79.00 元

# 专家简介

（按姓氏拼音排序）

**陈淮**

国家级有特殊贡献专家，住建部政研中心研究员、原主任，中国社科院大学教授，中国人民大学博士生导师。

**范为**

申万宏源证券固定收益融资总部总经理，申银万国研究所公司董事、博士后合作导师，清华大学、北京大学金融硕士导师。

**辜朝明**

野村综合研究所首席经济学家，早稻田大学客座教授，曾被美国商业经济学会授予艾布拉姆逊奖，曾获美国联邦储备委员会理事会博士会员荣誉。

**贾康**

著名经济学家，华夏新供给经济学研究院创始院长，曾任财政部财政科学研究所所长。

**厉克奥博**

清华大学中国经济思想与实践研究院常务副院长，清华大学智库中心副研究员。

**卢中原**

曾任国务院发展研究中心副主任，长期从事经济政策研究。

**陆挺**

野村证券董事总经理和中国首席经济学家，曾任美国银行美林证券大中华区首席经济学家和董事总经理。

**罗志恒**

粤开证券总裁助理、首席经济学家、研究院院长，中国税务学会常务理事，曾获“新财富宏观经济最佳分析师”。

**潘向东**

启铼研究院首席经济学家，清华大学经济管理学院应用经济学博士后，曾任银河证券首席经济学家、董事总经理。

**裴武**

独立学者，上海信堡信息技术有限公司创始人。

**谭翊飞**

北京金策前沿信息咨询公司负责人。

**陶然**

香港中文大学（深圳）人文社科学院教授，曾任中国人民大学经济学院教授、中国人民大学汉青经济与金融高级研究院副院长。

**王雍君**

中央财经大学教授、博士生导师，中央财经大学政府预算研究中心主任，中国财政学会理事。

**徐高**

中银证券首席经济学家，中国证券业协会首席经济学家委员会委员，中国首席经济学家论坛理事，曾任光大证券和光证资管首席经济学家、瑞银证券高级经济学家、世界银行经济学家。

**许善达**

著名经济学家，金融财税专家，国家税务总局原副局长。

**许宪春**

北京大学国家发展研究院特约研究员，曾任统计局副局长、中国统计学会副会长、清华大学中国经济社会数据研究中心主任。

**尹中卿**

第十三届全国人大财政经济委员会副主任委员。

**余永定**

经济学家，中国社会科学院学部委员，中国社会科学院世界经济与政治研究所研究员、博士生导师。

**张明**

中国社会科学院金融研究所副所长，国家金融与发展实验室副主任，曾任中国社科院世界经济与政治研究所国际投资研究室主任。

**赵建**

西京金融研究院院长，复旦大学、中央财经大学特聘导师，中国首席经济学家论坛成员，国家金融与发展实验室特聘研究员。

**赵伟**

申万宏源证券首席经济学家，2023 沪上金融行业创新人物。

**钟正生**

平安证券首席经济学家、研究所所长，曾任职中国人民银行，从事宏观经济和金融研究工作。

**周天勇**

东北财经大学国民经济工程实验室主任，曾任中央党校国际战略研究院副院长。

**朱宁**

上海交通大学上海高级金融学院金融学教授。

# 代序一

## 重振资产负债表的关键在于降低宏观杠杆率

尹中卿

资产负债表是当前市场关心的重要话题，已经热过一阵子。今天讨论的主题集中在重振资产负债表。我认为，重振资产负债表的关键在于降低宏观杠杆率，特别是金融部门杠杆率和非金融企业部门杠杆率。

杠杆率作为配置资源的一个主要手段，可能是一个中性概念，也是一种测度方法。杠杆率在一定时期内总有一个界限，有一个合适的度。宏观杠杆率是宏观经济稳定的基础。所谓高杠杆，在实体经济部门体现为过度负债，在金融领域则体现为信用过快扩张。无论资源配置效果如何，在一段不长的时间内，宏观杠杆率全面上升或者过快上升，肯定会产生副作用，肯定会造成风险，这一点没有任何疑问。

根据我的观察，宏观杠杆率与资产负债表联系密切，对居民部门杠杆率与非金融企业部门杠杆率同样有重要影响。我认为宏观杠杆率对政府部门杠杆率以及金融、财政领域的杠杆率有更大的影响。因此，稳定和控制宏观杠杆率，实际上就是控制债务增速，简单地可以理解为控制资产负债率。

下面我将从两个方面进行讨论，一个是实体经济杠杆率，一个是金融部门杠杆率。

## 一、实体经济杠杆率是宏观杠杆率的基础

当前，重振资产负债表、降低宏观杠杆率，关键在于逐步降低并稳住非金融企业部门杠杆率。

实体经济杠杆率一般包括非金融企业部门、政府部门、居民部门的杠杆率。虽然它们分别表示各自部门的债务余额与国内生产总值的比率，好像没有考虑到资产端，但实际上，实体经济杠杆率的上升或下降可以反映出经济扩张或收缩的程度，以及债务水平和风险水平的变动幅度。实体经济杠杆率既会直接影响到相关部门资产负债表的变动，也从一定程度上反映出相关部门资产负债表的变化。较高的杠杆率肯定意味着相关部门本金偿付和利息支付面临较大压力。在经济增长放缓时，这种压力可能会增加债务风险，最终也有可能转化为金融风险。

### 1. 非金融企业部门杠杆率

非金融企业部门杠杆率代表的是企业的短期和长期借款、应付账款等。近些年来，我国非金融企业部门杠杆率快速增长。从增长节点看，2008 年为 95.2%，2009 年升至 115.6%，2014 年升至 142.5%，2020 年升至 162.3%，12 年时间里上升了 67.1 个百分点。这一杠杆率不仅高于发达经济体的平均数 104.4%，也远高于新兴市场经济体的平均数 119.4%。2020 年，日本为 115.6%，韩国为 111.1%，美国为 84.6%，印度为 57.5%。这表明相较于其他经济体，我国非金融企业部门的债务压力更大。

我国宏观杠杆率偏高，主要体现在非金融企业部门，特别是房地产企业。2022 年，房地产投资下降 10%，房地产业增加值下降 5.1%，商品房销售面积、销售额分别下降 24.3%、26.7%，其中住宅销售面积、销售额分别下降 26.8%、28.3%。房地产企业土地购置面积、房屋新开工面积分别下降 53.4%、39.4%。

2023 年 1—9 月，房地产开发投资同比下降 9.1%，其中住宅投资下降

7.3%。商品房销售面积、销售额分别下降 7.5%、4.6%，其中住宅销售面积、销售额分别下降 6.3%、3.2%。房地产企业土地购置面积、房屋新开工面积分别下降 32.2%、23.4%。国有土地使用权出让收入下降 19.8%。

对于非金融企业来说，控制宏观杠杆率、约束资产负债率的路径通常包括增资扩股、提高直接融资比例、股权融资、资产证券化、市场化债转股、兼并重组，以及破产清算。具体来看，各级政府通过实施大力度减税降费政策，推动金融机构让利，拓宽资金来源，做好企业风险监测预警和联合处置机制，避免过度授信和债务融资，降低企业综合融资成本。各类企业要通过高质量发展来提升债务资金的使用效率，充分利用产权市场、区域市场处置相关资产，用压降应收账款和存货等手段来达到回收资金的目的，提高资金利用效率。

**2. 政府部门杠杆率**

近年来，政府部门杠杆率也是大家议论得比较多的问题。特别是 2008 年国际金融危机之后，我们把政府的公共投资或者财政支出作为刺激经济最主要的一个手段。2008 年之后，地方融资平台、地方政府债务大量增加，速度远远超过了历史上任何时间。尽管当时《中华人民共和国预算法》（以下简称《预算法》）规定三个不准：不许举债、不列赤字、不得担保，但在 2008—2010 年之间，地方的债务很快就从原来不到 3 万亿元，增加到了将近 10 万亿元，到 2014 年更是达到 25 万亿元，其中直接负债 15.4 万亿元，或有负债接近 9 万亿元。

2014 年 8 月我国通过了新《预算法》，并自 2015 年 1 月 1 日起施行。当时把地方的债务作为一般债务固定下来，并且采取了置换办法，用 4 年时间，把省市县三级的债务延长期限，降低了利息。

但是没想到新《预算法》只管住了所谓的法定债务，一些地方政府通过购买服务、PPP（公共私营合作，或政府社会资本合作）、园区建设，进行兜底回购、明股暗债，大量变相举债。地方融资平台公司不仅没有规范好和治理好，反而变本加厉。在地方法定债务也就是一般债券和专项债券急剧增加的情况下，又产生了大量的隐性负债（或称隐性债务，简称隐债）。

2022年年末，我国中央财政国债余额258692.76亿元，地方政府债务余额350651亿元，包括一般债务余额143944.69亿元、专项债务余额206706.31亿元。这是我们能够统计到的政府法定负债。如果加上那些现在还没统计清楚的隐性负债，资产负债表肯定是比较“严峻”的。

目前有三个关于债务的统计，其数据差距比较大。从增长节点看，按照社科院（国家资产负债表研究中心）和BIS（国际清算银行）两个口径的政府部门杠杆率：2006年为26.7%、25.7%，2009年为33.9%、34.6%，2014年为38.8%、40.2%，2017年为35.9%、51.6%，2019年为38.5%、57.4%，2020年为45.6%、67.1%。越到后来，社科院和BIS两个口径的差距越大。即使按照社科院口径，2021年升至46.8%，2022年升至50.4%。

衡量政府部门杠杆率，还需要重视财政收支矛盾，一些地方财政呈紧平衡状态，基层“三保”出现困难。特别是要对近年来一些地方土地出让收入大幅下降、3年疫情期间许多开支增加等因素给予高度重视。

### 3. 居民部门杠杆率

居民部门杠杆率代表的是个人和家庭的债务状况，如房贷、消费贷等。我国原来的居民部门杠杆率并不高。按照社科院口径，2003年仅为16.2%。2008年金融危机以来，我国居民部门杠杆率上升较快，先后从2008年的17.9%，上升至2009年的23.5%，2012年的30%，2016年的44.7%，2018年的52.1%，2020年的62.2%。从2003年算起，17年时间累积上升46个百分点；从2008年算起，12年时间累计上升了44.3个百分点。如果按照央行口径，2020年居民部门杠杆率已经高达72.5%，比社科院口径高出10多个百分点。

分析居民部门杠杆率，不可避免要关注居民就业和收入增长。近年来，我国面临就业总量压力与结构性矛盾并存的问题，重点群体就业形势严峻。

2019—2023年，调查失业率一直在5.1%以上高位运行，2022年甚至达到5.6%。与此同时，我国居民收入增速放缓。2019—2023年，居民人均可支配收入（扣除价格因素）增速一直低于GDP增速，其中城镇居民人均可支配收入增速更加缓慢。

按照BIS口径2020年数据，我国居民部门杠杆率整体适中。我国居民部门杠杆率为61.7%，略高于德国的58.8%，低于日本的65.3%、美国的79.5%，高于新兴市场的平均数53.9%。若按照央行口径，我国居民部门杠杆率2020年已达到72.5%，较美国仅低7个百分点，高于其他重要发达国家。

从以上分析看，我国政府部门的资产负债表与世界相比，可能还算适中，我国负债率低于发达国家，与新兴国家差不多。家庭资产负债率不算特别高，主要是在短期内上升过快。问题严峻的是非金融企业的资产负债表，恰恰也就是这张资产负债表，重振的途径和办法多一点，可以通过一些宏观政策比较快地得到改进，主要还是通过控制宏观杠杆率，特别是增资扩股，提高直接融资的比例，增加股权融资，增加资产证券化，通过市场化债转股、兼并重组、破产清算等办法解决。

具体而言，各级政府可以大力度减税，推动金融机构让利，拓宽资金来源，做好企业风险监控，避免过度授信和债务融资，降低企业的综合融资成本。企业本身也要通过高质量发展，提升债务资金使用效率，充分利用产权市场处置相关的资产，压低应收账款和存货来回收资金。

总的来说，我认为这三个资产负债表中问题最大的是企业的资产负债表，最有可能比较快地修复和重振的也是企业的资产负债表。在当前的情况下，企业的资产负债表在这三个资产负债表中更具有基础性的作用，如果把它搞好了，其他的资产负债表的问题将会缓解。

## 二、宏观流动性对宏观杠杆率具有决定性影响

当前，重振资产负债表、降低宏观杠杆率，关键在于稳住金融部门杠杆率，特别是减缓宏观流动性的过快增长。

除了实体经济的三个资产负债表之外，更重要的是金融部门的资产负债表。我没有查询到金融部门的资产负债表在学术上到底是什么定义，我个人的理解是，金融部门的资产负债表实际上讲的是国家层面的宏观杠杆率。

宏观杠杆率是反映全社会债务规模以及经济活动对债务依赖程度的一个指标。从国家层面来说，金融部门杠杆率至少可以从宏观流动性、金融行业、金融企业三个层面进行测度。不同于实体经济，金融行业、金融企业（或者金融机构）主要经营资产与负债业务，影响杠杆率的因素就复杂得多，通常只能将金融行业、金融企业杠杆率作为独立的观察对象。这里重点分析宏观流动性。因为宏观流动性不仅对金融行业、金融企业杠杆率有重大影响，而且对实体经济杠杆率也有决定性影响。

对于宏观流动性，很多时候我国并没有把它放进资产负债表里来考虑，我认为这是一个不足之处。当我们讨论资产负债表的时候，不讲广义流动性，资产负债就很难比较。因为宏观流动性对宏观杠杆率具有决定性影响，对当前我国来说，要重振资产负债表、降低宏观杠杆率，关键在于降低宏观流动性。

### 1. 广义货币

与现金和狭义货币数据从 1978 年 1 月开始统计不同，广义货币（M2）数据统计则可以追溯到 1952 年。

如果从 1955 年新版人民币代替旧版人民币（兑换比例 1∶10000）算起，广义货币的增长节点为：1955 年 145.9 亿元；1978 年 1159.1 亿元；1994 年（汇率并轨改革）3.4 万亿元；2008 年（国际金融危机爆发前夕）45.3 万亿元。从 2019 年 12 月末到 2023 年 12 月末，广义货币从 198.6 万亿元增加到

292 万亿元。基本可以推定，到 2024 年第一季度，广义货币有可能突破 300 万亿元。

根据以上数据，相比新币启动、改革开放、汇率并轨改革、国际金融危机爆发、新冠疫情暴发 5 个节点，现在的广义货币分别增加了 20000 倍、2500 倍、84.9 倍、5.45 倍和 47%。如果以个人存款占全部人民币存款的比例来计算，现在的 1 万元钱约相当于 1955 年的 0.5 元、1978 年的 4 元、1994 年的 120 元、2008 年的 1500 元、2020 年的 6800 元。

随着经济货币化深度的增加，货币发行带来经济增长的能力却在逐步下降：1952 年，1 元广义货币对应 6.7 元 GDP；1978 年，1 元广义货币对应 3.17 元 GDP；1990 年，1 元广义货币对应 1.23 元 GDP；2008 年，1 元广义货币对应 0.67 元 GDP；2022 年，1 元广义货币对应 0.45 元 GDP。

如果都折算成美元的话，按照中国 GDP 只有美国的 63% 计算，人民币广义货币发行总量已经超过了美元与欧元的总和。

### 2. 人民币贷款余额

长期以来我国一直面临贷款难、贷款贵、贷款慢等问题。然而，新增人民币贷款总额、人民币贷款余额却增长很快。从人民币贷款余额增长节点看，1978 年只有 1890 亿元，1988 年达到了 1.2 万亿元，2001 年达到了 11.23 万亿元，2008 年达到了 30.34 万亿元，这都还是正常的基数级增长。

最近 5 年来，人民币贷款余额几乎有点像是几何级增长。从 2019 年 12 月末到 2023 年 12 月末，人民币贷款余额从 151.6 万亿元，增加到 237.59 万亿元，每年平均增加数都在 20 万亿元以上。许多老百姓经常会问，钱到哪去了？新增人民币贷款总额、人民币贷款余额增长很快，但大量新增贷款并没有进到实体经济中去。

### 3. 社会融资规模

社会融资（简称社融）规模是一定时期内实体经济从金融体系获得的全部资金总额，主要包括人民币贷款、外币贷款、委托贷款、信托贷款、未贴现的银行承兑汇票、企业债券、非金融企业境内股票融资、保险公司赔偿、投资性房地产和其他金融工具融资等10项指标。

社会融资规模是全面反映金融与经济关系，以及金融对实体经济资金支持的总量指标，代表着实体经济从金融体系获得的资金，其内涵中便包括实体经济承担的债务规模。

在我国，社会融资规模是一个比较新的概念。2010年年底中央经济工作会议首次提出“保持合理的社会融资规模”。2011年之后，“社会融资规模”进入统计视野，开始有了统计数据，到2023年也就12年时间。

从社会融资规模增长节点看，2002年为11.82万亿元，2008年达到29.86万亿元，2016年达到105.19万亿元。从2019年12月末到2023年12月末，社会融资规模存量从251.31万亿元，增加到378.09万亿元。4年时间增加126.78万亿元。从2002年到2023年，社融规模存量增加30多倍。

随着我国金融市场发展和金融创新深化，实体经济还会增加新的融资渠道，如私募股权基金、对冲基金等，待条件成熟时，有可能将其计入社会融资规模。未来社会融资规模指标在口径上还需要扩容，以匹配宏观杠杆率指标的计算。

经过对广义货币、人民币贷款余额、社会融资规模三个宏观流动性分析，可以得出一个结论，宏观杠杆率特别是宏观流动性是金融风险的源头，它不仅构成了金融部门高杠杆的基础，实际上也成了扰乱各个宏观部门和微观部门资产负债表的主要因素。近年来，我们在政策层面一直强调“保持货币供应量、社会融资规模与名义经济增速基本一致”，根本目的就是为稳住并控制宏观部门杠杆率。在此过程中，既需要各项宏观政策协调联动，又需要跨周期和逆周期调控有机结合，从总量、结构和价格等方面全方位发力。在总量上，保持流动性合理充裕，保持货币供应量和社会融资规模增速同名义GDP增速基本匹配。在结构上，创新并利用好结构性政策工具，引导金融机构加大对实体经济特别是小微企业、科技创新、绿色发展等重点领域的支持。在价格上，推动企业综合融资成本稳中有降，推动金融让利实体经济切实落地。同时，还要深化金融供给侧结构性改革，推进金融体系内部“去杠杆、去通道、去嵌套、去链条、破刚兑”来回归本源。

总体而言，在实体经济三个资产负债表中，我认为问题最大的是非金融企业部门的资产负债表，我国的着力点也在这上面。对于金融部门的杠杆率，更大的问题是宏观流动性，我国要控制宏观流动性，为未来的可持续发展留下空间，为我国调整经济、调控经济留下手段，防范金融风险、财政风险，促进我国的经济发展进步。

我国在制定宏观政策的时候，经常讲要处理好经济增长与防范金融风险的关系，或者是与国家安全或者经济安全的关系。现在中央经济工作会议提出要把广义货币与 GDP 的增长和物价的控制目标相匹配、相一致。这么多年来，政府工作报告对 CPI 的目标提得很高，基本上是 3.5% 左右，但大家都知道我国 0.8% 也有过，1.2% 也有过，基本上没有超过 2%。但是政府工作报告仍然把 3.5% 左右作为物价控制目标，如果把 GDP 增长的预计值和物价上涨的控制指标加一起，肯定要大于名义 GDP 的增长率。

长期以来，广义货币、人民币贷款余额、社会融资规模三个宏观流动性的增长都快于 GDP 加 CPI。在今后的工作中，我们要至少减缓广义货币和社融规模的增长，应当让它们与名义 GDP 的增长基本相适应。不能让它们年年高，否则可能会为我国的宏观经济埋下比较多的隐患，影响后续经济调整和治理的回旋余地，进而影响后续的可持续发展。

# 代序二

## 地方政府债务问题与发债策略探讨

卢中原

近年来，地方政府债务问题一直备受关注。2022 年中央经济工作会议将防范化解地方政府债务风险（简称化债）作为重要任务，2023 年 7 月中共中央政治局会议明确提出“要有效防范化解地方债务风险，制定实施一揽子化债方案”。

关于债务大辩论的背景，我认为与制造业采购经理指数（PMI）连续两个月的下行有关，2023 年 4 月 PMI 是 49.2，5 月 PMI 就下行到 48.8，连续两个月都在 50 以下，单从制造业 PMI 来看，确实是不够景气。在 2022 年年底的时候，制造业 PMI 也是下行的，但是其中有一个非常有意思的现象，以中小企业为主的 PMI，比国有大中型企业的下滑幅度小，这是非常反常的现象。当时我觉得这样挺好的，说明国家近些年应对疫情出台了一些政策，对中小微企业的发展还是比较有帮助的，否则的话它不可能反映在制造业采购经理指数里。

以往我们的观察指数，一个是国家统计局和物流协会颁布的官方 PMI，另一个是财新指数 PMI，也就是中小企业 PMI。大部分时间里，中小企业 PMI 都是低于官方 PMI 的。在 2022 年 12 月则恰恰相反，财新指数比官方指数还要高一些，我个人觉得跟国家的减负，扶持小微经济、民营经济发展的一系列政策有直接的关系。

不过2023年1月、2月以来，大中型企业制造业PMI增长比中小企业快，小微经济也恢复到常态，但相比于大中型企业，特别是大型企业，小微经济的发展要偏弱一些。

2023年第一季度我们的制造业PMI在50以上，说明我们的经济恢复相对比较强劲，当然这是跟过去低于50相比而言的。在这种情况下，我们希望采购经理指数一直在50以上，反映出经济比较景气。

再来看非制造业，非制造业主要是建筑业和服务业。非制造业的商务活动指数通常比制造业采购经理指数高。在正常的情况下，它都要高于制造业采购经理指数3~4个点，一直在50以上。它和制造业PMI综合在一起的叫作综合经济活动指数，我想这里也能反映一下我们的经济状况。在2023年5月当制造业PMI回落到48.8的时候，我们的综合经济活动指数仍然在52.6，是在50以上的扩张区间。

这反映了什么呢？将建筑业、服务业与制造业综合起来看我们的经济活动仍然处于扩张区间。所以我们应该继续研究，是否要紧迫地发债来刺激经济。我们为什么通常要看PMI？因为它是采购经理指数，它代表了市场一线人员对市场繁荣度的判断，它通常领先经济运行两三个月，所以研究宏观经济就要参考这个指数。

这个先行指标，当然从制造业本身来看，已经连续两个月，就是4月和5月低于50。从这个角度看，大家觉得经济不是很景气，但是从综合经济活动指数来说，由于建筑业和服务业的拉高，综合起来达到52.6，因此，在我看来，目前的经济情况并不是很严峻，我们也不需要大规模发行债券。

首先，我用先行指标来做一下分析，就是我们讨论发债紧迫性时，从短期的经济运行先行指标来看，我个人觉得，大规模发债刺激投资来促进制造业的紧迫性不是那么强，这是我个人分析的第一个结论。

其次，我们还要分析制造业 PMI 的内部结构，比如说，分析制造业 PMI 里的高新技术产业的新订单指数、生产指数和就业人员指数是否回落明显。如果回落明显，说明高新技术产业的动能在减弱，不光是高新技术产业，还包括一些新兴产业。因此我们说观察制造业 PMI 的回落，还要看内部的构成。

就像前些年我们分析宏观经济是否景气的时候，通常会讲，“中国经济正处于转型当中，处在增长方式转变的过程中”。总体来说，是由数量要素投入型、数量驱动型或者数量扩张型转向质量效益型。

质量效益型的增长，虽然可能速度并不太快，但它的结构正在调整。我们希望把那些比较落后的、过剩的挤压掉，恰恰这种淘汰落后、消化过剩是需要在经济增长缓慢的时候才能完成的。如果经济增长很快，你根本淘汰不掉，谁都可以在市场上占有一席之地。

因此，我们说在中国经济增长方式转变的过程中，或者叫动能转换的过程中，再进一步叫经济结构调整的过程中，要更多地看制造业采购经理指数内部的结构性变化。以装备制造和高新技术产业作为新动能代表的这部分产业，新订单指数、就业指数和生产指数是否削弱，是否回落得更多，这是一个很重要的分析着力点。我希望大家讨论发债之前对我们现在的宏观经济背景做一些简要的回顾。

（本文根据 2023 年“债务大辩论”会议发言整理。）

# 目录
Contents

# 引言
## 关于中国地方政府债务问题的思考与建议

范为　上官方舟　郅天奇　金韦西

## 中国地方政府债务问题研究背景及其成因

### 政府债务定义、规模及国际比较

政府债务，又称公共债务，是由政府作为债务人，与债权人发生资金或实物有偿交换的一种债权债务关系，是政府用来弥补财政赤字、实现经济资源跨期配置、调控经济发展的重要金融手段。国外债务（外债）是一国政府需要偿还国外债权人的债务，而国内债务（内债）是一国政府需要偿还包括本国企业、机构、个人等国内债权人在内的债务。按照债务人的行政级别分类，又可以分为中央政府债务和地方政府债务，其债务人分别为中央政府和地方政府。

2007 年下半年美国金融危机爆发后，中国为应对国内经济的下滑，推出了“4 万亿”政府投资刺激计划，并且实行积极的财政政策和宽松的货币政策，整个社会（包括政府部门、企业部门和居民部门）的杠杆率在那一阶段不断上升，债务规模迅速扩大，宏观杠杆率由 2007 年年末的 144.9% 上升至 2019 年年末的 246.6%。2020 年全球疫情以来，除中国外的世界主要经济体的天量货币宽松政策使得其宏观杠杆率迅速飙升，而中国在这一阶段的货币政策保持了相对克制，但宏观杠杆率仍有小幅度提升，由2019年年末的246.6%攀升至2021年年末的262.8%；2022年年末继续上升10.4个百分点，至273.2%（根据国家金融与发展实验室的数据）。其中居民部门杠杆率保持不变，仍维持在2021年年末的61.9%；非金融企业部门杠杆率上升了6.8个百分点，从2021年年末的154.1%上升至160.9%；政府部门杠杆率上升了3.6个百分点，从2021年年末的46.8%增长至50.4%。与此同时，M2/GDP上升了12.9个百分点，从2021年年末的207.3%升至220.2%；社融存量/GDP上升了11.1个百分点，从2021年年末的273.3%升至284.4%。

从杠杆率的国际比较看，2022年年底美国的宏观杠杆率为264.6%，中美两国的整体宏观杠杆率相差不大，政府部门的杠杆率中国较美国低，但企业部门杠杆率中国较美国高，主要是由于中国国有企业（特别是地方城投公司）和房地产公司的杠杆率较高引起的。而地方城投公司这部分的负债，正是我们一般所指的隐性债务。

我国债务的主体主要包括政府部门负债、企业部门负债和居民部门负债。地方政府的显性债务风险是可控的。根据财政部的数据，截至2022年年末，全国地方债务余额约35.07万亿元，其中一般债务余额约14.39万亿元、专项债务余额约20.67万亿元。政府部门负债的主要风险来自地方政府及城投公司的隐性债务。相对显性债务而言，隐性债务比较隐蔽，隐藏着很大风险。隐性债务的官方定义最近可以追溯到《中共中央国务院关于防范化解地方政府隐性债务风险的意见》（中发〔2018〕27号），其规定隐性债务是指在确定的法定债务预算之外，政府通过直接或间接方式以使用财政资金偿还、非法提供担保等方式举借的债务。目前，隐性债务一般有两种定义：一种是狭义的隐性债务，即在财政部隐性债务清查时，经地方政府上报后，纳入财政部隐债系统的债务。另一种是广义的隐性债务，包含地方城投公司所有的有息债务。在这种口径下，广义的地方政府债务则包括地方政府显性债务和广义的隐性债务（即地方城投公司的有息债务）。根据财政部前部长楼继伟在《应对和化解地方债务问题应遵循的基本原则》中的数据，2022年年末全国城投有息债务为62.61万亿元。在一般的研究中，隐性债务和地方政府债务大多指的是广义的隐性债务和广义的地方政府债务，故综上所述，我国的隐性债务和地方政府债务2022年年末的余额分别为62.61万亿元及97.68万亿元，而我国的政府债务则需要在地方政府债务的基础上加上中央政府发行的国债25.90万亿元，即123.58万亿元。

中国2022年GDP总量为121.02万亿元人民币，故真实的政府部门杠杆率为102.12%，而截至2022年年末美国政府债务约为31.42万亿美元，2022年GDP为25.74万亿美元，杠杆率为122.07%。故从整体看，中国政府债务总额低于美国政府债务，债务率也较其更低。但与更多国家比较来看，我国政府部门杠杆率在主要经济体中高于德国的71%、英国的87%和加拿大的102%，低于日本的264%、意大利的147%和法国的115%，且高于新兴市场国家的平均值65%。我国政府债务风险问题已经成为当下各界关注的焦点。

### 地方政府债务形成原因

实际上，此轮债务问题并非中国首次面对的债务风险。在20世纪八九十年代和2000年前后，中国曾三次面对比较严重的债务风险。第一次债务风险是20世纪80年代全国普遍设立的农村合作基金会，至90年代各地普遍出现的兑付问题，四川、河北等地甚至出现了较大规模的挤兑风波，并酿成了危及农村社会稳定的极端事件。第二次债务风险是90年代的“三角债”，当时的坏账规模约为2000亿元，严重影响了国民经济的健康运行和发展。第三次债务风险是21世纪初国有银行的不良贷款，占银行资产总额的1/3以上，在银行改革中从四大国有商业银行剥离到资产管理公司的不良资产约有1.4万亿元。对于上述三次债务风险，中国政府通过财政补助、债务清算核销、剥离不良资产、国家注资、引入战略投资者、整体上市等方式处理并化解了债务危机。如今，中国再次面对类似困难，如何化解债务风险成为大家广泛探讨的问题。

我国地方政府债务迅速攀升既有宏观经济环境变化的外部因素，也有公共治理缺陷的内在原因。我们将其归结为以下几点：

第一，在全球金融危机的大环境下，主要经济体的政府均扮演了最后拯救者的角色，特别是全球主要央行的非常规宽松货币政策与危机时期西方国家对部分金融机构暂时国有化的举措，这些非常态的政府行为加强与激发了政府进一步直接影响和参与经济活动的冲动。过去几年宽松的货币政策提供了巨额流动性，从源头上起到了推动超规模投资的效用，而投资的资金大部分来源于银行贷款、企业债券、信托等债务融资方式，这势必造成地方债务的迅速攀升。因此，近年来资产负债率上升最快的便是政府及国有企业。

第二，随着 2000 年后房地产行业进入繁荣阶段，地方政府财政收入快速增长，特别是土地价格快速上涨使得地方政府形成了“扩张性心态”。这使得地方政府养成了“敢于花钱、勇于花钱”的习惯。但随着经济增长速度放缓，地方政府并未及时调整思路，仍试图通过举债来维持 GDP 政绩，这也是在 2010 年国务院发布地方政府债务总量为 10.4 万亿元，并开始通过一系列政策限制地方融资平台后，地方政府债务在过去十余年仍然快速扩张的原因。

第三，我国地方政府的制度安排也是地方政府过度负债的一个根源，其中包括行政体制和财政体制。由于我国是单一制的政府行政体制，地方政府是中央政府的“分公司”，并非财务独立的“法人单位”，因而当地方政府出现债务危机时，中央政府负有一定道义责任，存在救助动机。在 2014 年《预算法》修订案出台前，“中央财政兜底”的预期使地方政府超越财力搞建设，过度举债，形成了较重的历史包袱；近年来，中央政府不断加大转移支付，弥补地方财力的同时，也造成地方预算约束的软化，以及财政资金使用效率不高的问题，在一定程度上强化了地方政府举债投资的意愿。

同时，1994 年分税制改革，使我国财政体制呈现“事权下放、财权上收”的特点，地方政府依靠举债补充可自由支配的经济发展资金。对于地方主官而言，他们扮演着典型的“政治企业代理人”的角色，其目标往往是当前政绩的最大化，而高负债则是推动 GDP 增长、立即见效的不二法门；对债权人而言，他们则认为地方政府债务隐含了中央政府的背书，中央政府不会坐视地方政府破产。实际上，地方债务的迅速扩张也是在透支中央政府信用。

第四，地方政府融资的决策机制问题也是造成地方政府过度负债的重要原因。地方政府缺乏对投融资管理体制和制度的约束。甚至有些地方的政府投融资行为缺乏成文的法律法规和具有约束力的管理文件，地方政府投融资管理立法工作明显滞后于地方投融资活动开展的实际情况，导致地方政府的投资决策过于随意，且建设项目的前期论证工作往往不够充分，结果是政府的投资效率普遍偏低。

第五，地方政府财政状况的不透明极大地助长了各利益相关方的道德风险，筹资渠道缺乏规范性和透明性，从而加剧了地方政府的过度负债。地方债务的不透明直接导致多方面的信息不对称：中央政府不了解地方政府的真实负债规模，地方政府主官难以掌握所有下属部门的债务负担与结构，市场投资者与金融机构不能确定地方债务的总体风险，负债机构不了解内部人的败德行为。这些因素的综合效用大大恶化了地方政府的真实负债情况。

### 中国财政现状：财力与支出匹配的土地财政难以为继

对于当前的地方政府债务问题，有观点认为自从 1994 年分税制改革以来，中央政府集中了约 60% 的收入，地方政府却承担约 80% 的职能，存在地方政府财权与事权不匹配的问题，故导致地方政府负债过高，无力偿还。实际上，这个说法我们要从两方面看：一方面，财权与事权确实不匹配；另一方面，财力与支出是匹配的。中央政府通过大量对地方的转移支付，实现了中央政府预算和地方政府预算的平衡，也借此实现了我国的制度优势，即沿海及经济发达地区“先富带后富”，通过转移支付支持经济欠发达地区经济社会发展。

根据《关于2022年中央和地方预算执行情况与2023年中央和地方预算草案的报告（摘要）》，2022年中央一般公共预算收入94884.98亿元，加上从中央预算稳定调节基金调入2765亿元，从中央政府性基金预算、中央国有资本经营预算调入9900亿元，收入总量为107549.98亿元。中央一般公共预算支出132714.67亿元，加上补充中央预算稳定调节基金1185.31亿元、向中央政府性基金预算调出150亿元，支出总量为134049.98亿元。收支总量相抵，中央财政赤字26500亿元。以上数据显示，中央对地方转移支付收入97144.75亿元，占比为72.47%，而中央本级支出不到30%，中央一般预算收入大部分用于对地方的转移支付。

从地方一般预算收入看，2022年地方一般公共预算收入205963.25亿元，其中本级收入108818.5亿元，中央对地方转移支付收入97144.75亿元。加上从地方预算稳定调节基金、政府性基金预算、国有资本经营预算调入资金及使用结转结余11876亿元，收入总量为217839.25亿元。地方一般公共预算支出225039.25亿元，收支总量相抵，地方财政赤字7200亿元。以上数据显示，地方本级收入仅占地方一般预算收入的52.83%，对中央转移支付的依赖较重。

另外，2022年地方财力按三大来源算，地方政府可支配资金总额为279718.65亿元，其中本级一般预算收入、转移支付收入、政府性基金收入的比重近似为39%、35%、26%。

以上三大来源中，本级一般预算收入主要由税收组成，和地方经济发展水平正相关；转移支付收入主要根据中央转移支付政策而定，较为稳定；政府性基金收入主要依靠土地出让金，与地方土地出让市场发展情况高度相关。根据历史经验，在经济欠发达地区，中央转移支付是带动另外两项收入的重要动力，转移支付的投资能够拉动地方经济发展，经济发展又能促进土地出让市场发展。同时，经济发展带来的税收增长和土地出让金增长给予地方政府积极发展经济、进行城市化建设的资金和灵活支配这些资金的权利，从而打造了成就中国经济发展奇迹的基础，赋予了我们在城市化、工业化进程中相机决策的权利。

地方政府深度介入地区经济建设是“中国特色”之一，并被认为是过去30年中国经济奇迹的原因之一，但此为双刃剑，这一特色也是当前中国经济的系统性风险之一。在法理层面以及财务约束均未健全的前提下，地方政府拥有的大规模调动经济资源的能力和对经济建设的干预，导致了巨大的资源错配，并最终形成了大规模的政府债务。

目前，地方政府债务风险加剧的一大原因即土地出让金的大幅度下降。2023年国有土地使用权出让收入5.8万亿元，同比下降13.2%。2021年和2022年土地出让金收入分别为8.4万亿元和6.6万亿元。土地出让金收入在2021年达到峰值后迅速下滑，这让依靠土地出让金作为最重要的自主支配财力的地方政府面临巨大压力。同时，随着土拍市场遇冷，土地估值下滑，以土地作为抵押品而形成的城投公司的发展模式也难以为继。

我们从以土地出让金为主体的土地财政模式转换为以存量资产为主体的土地财政模式，即用房产税来替代土地出让金，可能是未来的选择。从发达经济体的税制经验来看，对土地和房地产的征税依赖是毋庸置疑的。但是目前从我国上海及重庆的试点来看，政府要想推进房产税，时点和具体方法的选择较为困难。

### 地方政府债务有庞大资产支撑，不会出现资不抵债

关于地方政府的偿债能力，国际上普遍认为地方政府财政收入、地方政府性基金（主要是土地出让金）收入是其最直接、最主要的偿债资金来源。这是因为西方国家很少拥有国有金融资产和国有实业资产。但是我国政府拥有的资产规模可观，我国是公有制经济为主体、多种所有制经济共同发展的

经济制度。国有资产规模巨大，包括国有及国有控股企业净资产、控股和参股金融机构净资产，以及自然资源和公共基础设施等。其中包括约100家央企、600余家省属国企和数千家国有上市公司。我国政府还拥有众多资源性资产，包括土地、能源、矿产等，据估计总价值数百万亿元。尽管部分国有资产其流动性弱，变现能力较差，但在最终还债时，它们还是会增强政府的偿债能力。

因此我们认为地方债务的可偿债资产包括以下五个方面：地方政府财政收入、地方政府性基金收入、地方国有企业净资产、国有非经营性资产、资源性资产。

（1）地方政府财政收入：主要包括税收收入、非税收入和中央税收返还和转移支付，其中税收收入主要包括国内增值税、营业税、所得税等，非税收入主要包括行政事业性收费收入、专项收入、罚没收入等。据财政部数据，2022年地方政府财政收入合计约为217839.25亿元。但考虑到财政收入很多是用于必要的公共支出，需要做到收支大体平衡，因此实际上能用于偿还债务的额度不大，例如2022年地方政府财政支出约为225039.25亿元，支出规模略大于其收入。

（2）地方政府性基金收入：是指地方政府及其所属部门根据法律、行政法规和中共中央国务院文件规定，通过向社会征收基金、收费，以及出让土地、发行彩票等方式取得的收入，其中土地使用权出让收入是最主要的构成部分。2022年的地方政府性基金收入为73755亿元，其中土地使用权出让收入占到了66854亿元。

（3）地方国有企业净资产：是指地方政府持有的国有企业总资产减去其负债。尽管正常情况下偿债不会用到该部分资产，但也不排除在必要的时候通过出让地方政府持有的国有企业股权来偿还债务。根据《国务院关于2022年度国有资产管理情况的综合报告》，2022年地方国有企业资产总额230.1万亿元、负债总额145.0万亿元、国有资本权益72.9万亿元，平均资产负债率63.0%。作为存量资产，股权资产（特别是上市公司股权）的流动性较好，可以及时变现。

（4）国有非经营性资产：是指行政事业单位所持有的资产，如政府（行政大楼）、教育机构、医疗机构等所持有的资产。我国的这部分资产规模较大，当然不到迫不得已之时，绝大部分国有非经营性资产不会用于偿还债务。但近年来通过借债兴建的一些超标、超规定的楼堂馆所、办事机构场所等应该按照相关规定出售，以用于偿债。根据《国务院关于2022年度国有资产管理情况的综合报告》，2022年地方行政事业性国有资产总额53.3万亿元、负债总额10.4万亿元、净资产42.9万亿元。其中行政单位资产总额20.2万亿元，事业单位资产总额33.1万亿元。

（5）资源性资产：主要是指根据国家法律规定属于国家所有的经济资源，如国有土地、森林、矿产等，据估计总价值超过百万亿元。

在厘清了地方政府各种可偿债资产价值后，我们将这五个方面相加，可得出地方政府的最大偿债能力超300万亿元。从这个角度讲，理论上地方政府债务还没有达到资不抵债的风险临界点（当然，资源性资产存在变现能力及流动性的难题，而国有非经营性资产的出售也不单单是一种经济行为）。

## 地方债务风险及其控制尺度

地方政府债务的总量是否过多，要不要控制债务率，需要控制到什么程度这一系列问题，都应从是否会引发系统性风险的角度来思考。

### 违约风险：高利率及期限错配

2022年年底，中国地方政府债务规模为35.07万亿元，城投公司有息负债为62.61万亿元，地方政府债务总规模为97.68万亿元。如果存量地方政府债平均成本按约3.3%算，存量全国城投有息负债平均成本按约5.5%算，粗略计算每年利息约为4.60万亿元，占2022年地方财政总收入21.78万亿元的21.12%（当然这部分利息并不是全部由地方财政承担，城投公司自身经营能覆盖部分利息）。若将整体地方政府债务成本降低1个百分点，则每年利息仅为3.62万亿元，占财政总收入的比重将降为16.62%。

在部分区县，区县级城投公司的融资利率较高，综合融资成本达到7%~8%甚至以上，这导致在部分区域债务风险集聚。若该区域城投债务违约，特别是公开市场的债券违约，将会对整体城投债带来连锁风险反应，引发城投信仰崩塌，或导致城投债估值体系重构。而2023年1—8月，地方政府债券发行利率平均为2.74%。区县城投公司有息债务成本与地方政府债券成本差额巨大。

在美国和日本，都因为低利率而有效地避免了债务危机。截至2023年10月末，美国国债余额约33.5万亿美元，远远高于我国政府债务，但其存量国债的平均利率为2.8%（经过多轮加息，近期美国10年期国债利率已超5%）。目前，日本的国债占GDP的比已经超过了260%，日本经济虽然不好，但并没有发生政府债务危机，其原因也在于日本实行了零利率。

除了利息部分的可持续性，我国地方政府债务中本金部分的可持续性也有一些问题。在地方政府显性债务方面，本金的借新还旧没有任何问题，同时可以根据偿债压力灵活设置期限，平滑偿债压力。但在隐性债务方面，由于城投主体的信用无法与政府相比，特别是弱资质城投公司，同时城投公司所持有资产通常是运营时间长、回收期长的基础设施资产和流动性较差的土地、房屋、工程等，与债务的期限存在一定的期限错配，导致债务集中偿付的风险提升。

### 通货紧缩风险：低息债务增长，形成需求才能解救通缩

自2008年全球金融危机以来，中国的CPI（消费者价格指数）平均维持在2%左右，而PPI（生产者价格指数）在约一半时间内呈现负增长。这一现象明显指出，我国宏观经济面临的主要风险是通缩，而非通胀。到2023

年 12 月，我国 CPI 和 PPI 同比分别下降了 0.3% 和 2.7%。全年来看，CPI 仅上涨了 0.2%，而工业生产者出厂价格指数同比下降了 3.0%，购进价格指数下降了 3.6%。这反映出我国的有效需求不足，且中央政府也已明确指出，“总需求不足是当前经济运行面临的主要矛盾”。

低息的地方政府融资（如地方政府债）在我国扩大有效需求的任务中有重要地位。其形成的投资是我国经济的重要支柱，不亚于房地产行业在我国经济中的支柱地位。目前，在中国的高储蓄、低消费的情况下，适当扩大低息政府显性债务，对于加大对经济较弱地区的转移支付，扩大基础设施投资，置换城投公司的高息债务，均是有必要的。地方经济发展需要有配套的基础设施投入，包括电力、道路、港口和电信通信设施。基础设施的投资耗费巨大，且需达到一定的最小规模才能有效发挥其作用，同时其具有显著的外部性效应。然而，私营部门往往不能为经济发展提供充分的基础设施支持。基础设施的改善将会有助于通过降低交易成本把一个地区的产业从潜在比较优势转变为实在比较优势。但是，基础设施的投资必须采取务实的做法，例如从某些局部地方开始，针对当地的潜在比较优势，通过改善工业园区、风景名胜区等具有一定正现金流的基础设施来实现。

### 债务控制的尺度：两个小于

也就是“债务增长率 + 债务利息率 <GDP 增长率 +CPI”和“债务利息率 < 全国财政收入增长率及国有资产的总资产报酬率”。

从宏观角度讲，债务的最终约束取决于通胀率、债务利率、国际收支情况、经济增速这四个变量的情况。如果一个国家通胀率升高，政府通常会加息抑制通胀，这就导致相应的新发行债务利率升高。当利率超过经济增速时，债务将不可持续。国际收支如果持续恶化，国家所持有的净资产为负，国际债务偏高同时持续增加，最后引起主权信用危机，国家在国际市场发债利率升高，最终无法兑付。一个常被引用的例子是欧债危机期间的 PIIGS 国家（葡萄牙、意大利、爱尔兰、希腊和西班牙），它们在危机前国际收支持续恶化，国际债务利率高达 8%~9%，它们最终无法偿还债务。

一般说来，债务能够持续且逐渐收敛的限制为“债务增长率 + 债务利息率 <M2 水平”，若 M2 水平是和“GDP 增长率 +CPI”相匹配，则是“债务增长率 + 债务利息率 <GDP 增长率 +CPI”。同时，国家对国外净资产为正的情况下，理论上债务没有违约风险，因为在极端情况下政府可以通过增加货币供应来解决，这在一定程度上支持了在宏观经济层面“公债不是债”的这种理论，但其不可避免地会带来物价上涨，例如 2023 年的美国经济。故长期可持续的约束还是 M2 水平和 GDP 增长率 +CPI 相匹配，即“债务增长率 + 债务利息率 <GDP 增长率 + CPI”。

对于地方政府债务，策略应该是在降低利息率的同时增加债务供给。我们不能推行紧信用政策，因为紧信用通常导致被紧信用政策限制的主体融资成本升高，迫使它们去使用高利率的非标金融产品。另外，紧信用政策往往打压社会融资规模，使货币政策传导只能先从央行到金融市场，而无法再从金融市场到实体经济，导致 M2 无法形成有效需求。

然而降低利息率主要是降低部分经济较弱区域的隐性债务利息率到使其不至于发生系统性风险的水平，而降低全国政府债务利率，目标则应该是不超过全国财政收入增长率和国有资产的总资产报酬率。

## 政策建议：在债务置换与管控后提高效率、激活经济

对于中国地方政府债务，如何建立规范、透明、科学、可持续的地方政府债务监管体系，使得地方政府债务规模不会无序地快速增长，而能够维持在相对稳定的水平，是一个复杂的、深入的、涉及多个领域的、需要全面考虑的话题。尽管我们判断中国不会出现资不抵债的风险，但债务的流动性风险、资产错配风险依然需要高度重视，并及时采取有力措施加以化解。

面对过去十年全球范围的严重债务风险，主要发达国家的应对政策归结起来大致包括以下几点：①降低利率，减小债务的发散速度。欧美国家都先后将基准利率降至0附近。②努力将通胀水平提高到一定目标值，降低存量债务的实际购买力，避免形成“债务－通缩”陷阱。③迅速确认债务损失，进行破产重整、债务减计，避免让坏机构拖垮好机构，机构的坏部分拖垮好部分。④积极恢复经济增长，使企业、政府重新提升经济效益，恢复造血能力。

从我国现实出发，本轮债务需要化解的部分是存量大、成本高的城投有息债务及PPP（政府社会资本合作）所产生的隐性债务部分，而对于存量小、成本低的国债和地方政府显性债务，我们并不需要收缩其存量，反而还需要再逐步增发用于投资和扩大居民消费，以发挥其扩大国内有效总需求的功能。

在负债分类的五部门（中央政府、地方政府、非金融企业部门、金融部门、居民部门）中，资产负债表情况较好的部门可利用低成本杠杆，帮助修复较差部门（地方政府，包括城投公司）的资产负债表。目前，中央政府杠杆率较低，金融部门多年来积累利润较多，居民部门的储蓄率较高，仍具有一定韧性。因此，在宏观层面，中央政府、金融部门、居民部门可协助地方政府（含城投公司）降低其债务杠杆，改善其债务结构。综上，我们提出以下几点建议：

（1）降低债务融资成本，地方政府发行特殊再融资债券直接置换高息广义隐性债务及狭义隐性债务。

隐性债务分广义隐性债务和狭义隐性债务，广义隐性债务是指上文统计的政府债务中，除国债和地方政府债之外的部分，而狭义隐性债务是已经被财政部纳入隐债系统的部分。对于狭义隐债，其已被确定为政府有义务偿还的债务，故地方政府发行债券进行置换并不会引起“道德风险”。同时由于狭义隐性债务借款主体主要是各级城投公司，其平均成本大约为5.5%左右，而使用平均成本在3.3%左右的地方政府债进行偿还，能够显著降低融资成本，实现地方债务融资“开正门，关后门”。在置换后，地方政府、城投公司原本用于偿还隐性债务的本息的资金，用于当地公务员、事业单位人员及国企员工的工资等相关支出，支付拖欠民营企业的欠款等。

同时，对于高息部分的广义隐性债务，建议地方政府发行地方政府债券对高息债务主体进行进一步置换。值得注意的是，由于发行特殊再融资债置换隐性债务，相当于将隐性债务转化为“政府债券形式债务”，将导致地方政府债务余额的增加，因此其发行额度受制于地方政府债务限额与余额的差值空间。根据财政部发布的数据，2023年全国地方政府的债务限额设定为421674.3亿元，而截至2023年年底，地方政府债务余额达到了407373亿元。这意味着，在全国层面上，地方政府仅有约1.43万亿元的债务举借空间。但是，地方政府债务余额低于限额是全国层面的要求，地区之间可以通过“回收—再分配”的机制调节限额。例如广东省已实现隐债清零，上海也在实行全域无隐债试点，因此这些区域的隐债置换空间或许可以匀给其他区域，在实际执行中可以省内、省间适当调剂，因地制宜地规划地方政府债务举借空间。

（2）设立中央或省级的土地储备公司，市场化拿地，提升土地出让金收入，缓解地方财政压力，适时推出房产税优化地方财政收入结构。

地方政府债务问题的导火索是土地出让金下降，地方政府的可支配财力不足以支撑支出。在土地出让金不能提升的情况下，地方政府只能继续增加债务以保持支出水平或者减少支出。目前经济总需求不足，地方政府如果一味减少支出，总需求将继续收缩，陷入通缩的窘境（通缩往往比通胀更难治理）。故若不能设法提升土地出让金收入或新增房产税等收入，地方政府仅能继续增加债务以维持支出，这将使化解地方政府隐性债务的工作变得更加困难。

短期而言，我们建议可通过建立中央或省级的土地储备公司市场化拿地，支撑土地市场，缓解土地出让金收入大幅下滑的趋势和地方财政压力，同时向市场注入信心，使房价、地价止跌企稳。首先，土储公司通过市场化招、拍、挂形式于地价较低迷时入市拿地，于地价高企时在保留公司运营所需的人工及资金成本后以合理的价格转手出让土地，调整土地市场供给，以达到稳地价、稳房价的目的。其次，中央土储公司可用购买地方土地这种较为柔性的方式，替代直接转移支付的刚性方式以支撑地方财政，避免中央直接大额无偿救助地方财政造成道德风险，同时用途上也更具有弹性。中央和省级土储公司入市拿地可算作市场化支持地方财政的行为，且可向市场表明政府对土地和房地产市场的支持态度，恢复房地产市场参与者信心。此外，土储公司可根据中央及省级政府相关发展规划进行市场化、针对性拿地，后续可用于保障房等项目建设，以实现房住不炒、共同富裕等目标。从长期来看，我们需要意识到在房住不炒、共同富裕的大背景下，继续以“土地财政 + 土地金融”的模式发展地方经济是无法持续的，需要适时推出房产税以改变地方政府收入结构，推动地方经济可持续发展。

（3）积极利用区域金融资源、政策银行资金降低融资成本，优化债务结构。

以商业银行为主的金融机构，在过去十几年间为城投平台提供了大量的资金支持。本地城农商银行与地方政府关系密切，在城投面临兑付风险时起到了重要的托底作用。建议协调地方金融机构置换高成本债务，加快长期低息贷款和债券等标准化产品置换高息短期非标债务。但是，这个过程也需要考虑到金融机构本身的风险承受度。

地方城投公司作为区域内基础设施建设、棚户区改造、安置房建设以及乡村振兴等项目的主要实施主体，与政策性银行的资金投向较为一致，国开行、农发行等政策性银行，可以提供期限长、成本低、规模大的优质资金。建立发挥政策性金融机构优势，通过发放项目贷款，缓解城投平台项目建设压力，并偿还部分存量债务；同时利用政策性银行资金参与债务重组置换，将债务的偿还周期拉长、成本降低，以平滑偿债压力。

（4）限制地方政府债务总量水平并使其透明化，提升省、市级高信用评级城投公司融资及直接融资占比，限制区县城投、非标融资，支持产业、产投、科创类融资。

在回顾过去十年的地方政府债务扩张的历程时，我们发现其举债方式在中央不断出台限制政策后，越来越多样化，越来越隐蔽化。从最初的信贷、债券，到后来的信托、融资租赁、各种形式的发展基金。融资方式的复杂化、隐蔽化带来了更多的寻租空间，也使得地方政府的债务成本不断上升。利息成本 4% 以内的地方政府债券，5% 以内的信贷、债券尚可持续，而 8% 左右利息率的信托资金、融资租赁必将把地方政府债务带入绝境。若不在总量上进行限制，地方政府债务规模及成本都将失控。鉴于地方政府融资方式的多样化及隐蔽化，债务总额的透明化是控制地方债务规模的必要条件。中央政府可建立一些类似于“债务总额 / GDP”“债务总额 / 一般预算收入”的刚性量化指标，通过法律法规要求地方政府公布各类债务，同时还必须形成对地方债务的刚性市场约束机制。而省、市城投公司融资成本一般相对于区县城投公司融资成本较低，且直接融资又比非标融资成本低，产业、产投和科创类融资的潜在资产报酬率高于普通的城投类投资资产，应鼓励低成本融资，投资于较高收益的资产。

（5）将省级政府发行的地方政府债发行主体扩展至地市级，由地市级政府发行“市政债”。

在目前债市新政和 35 号文的背景下，全国人大预算限制下的地方政府债恐不足以支撑各地政府的资金支出，“开正门，关后门”的市政债在必要时可重新提上日程（早在 2013 年，部分研究人员已探讨过市政债发行的可能性）。从国际经验看，大多数地方政府的市政债是由市政当局的市、县政府发行，以政府税收或其所属项目收益为偿债来源，有期限长、成本低、流动性好等特征。按照“建立事权与支出责任相适应的财税制度”的改革方向来说，中国的市政债也可由地市级政府发行，发行期限、额度与项目运作周期、收益所匹配。增速与地方经济或税收增速相匹配的市政债，用于投资地方民生和经济发展所需的基础设施、公用事业或置换部分地方政府有偿还义务的高息隐债，并根据地方政府社会经济发展情况定价，拉开评级差、利差，可作为省级政府地方政府债的补充，也有助于建设多层次资本市场。

（6）推进市县城投共建、民营房地产与城投混改、债转股、出售资产等，提升城投公司资产收益率，降低融资成本，缓解偿债压力。

地方政府不能一直过无约束的“好日子”，一定要减少直至消除效益低下的各类投资。城投公司需要参与市场化竞争、去行政化，并进行包括人力资源、业务等方面的市场化改革。要引进社会资金，进行债务重组，这是一个重要的解决路径。一方面，过去在“4万亿”投资计划期间，“国进民退”现象非常明显，政府和国有企业通过借贷主导大规模的投资，大量民间投资被挤出，但事实已经证明这种方式效率非常低下，未来必须将民间资金有效地引导到实体经济中来，借以提高实体经济不断下滑的全要素生产率。另一方面，当前整个经济已经背上了沉重的债务枷锁，而在“债权－债务”结构中，政府和企业部门是债务人，居民部门是债权人，只有通过资产剥离重组、引入社会资本，将“债权－债务”结构转换为股权结构，才能有效降低整个经济体的债务包袱，重新轻装上路。而经济较弱地区的区县城投融资成本高，掌握的资源较少，效益更低，这些区县城投在化债后，应以债转股或资产置换等方式，建立治理结构，限制高息债务融资和非经营性融资。另外，也可以参考国外的一些有效的偿债创新。例如，对债务负担严重的地方政府来说，可借鉴意大利政府近年应对欧洲主权债务危机的“售后返租”方式，将政府的非经营类资产出售，以获取资金偿还债务，同时只用花一小部分资金租用售出资产，从而缓解政府短期的偿债压力。

（7）地方政府需进行职能转换，缩减地方政府直接参与经济活动的投资职能，改变其过度建设的倾向，推动其逐步向服务型政府转变。

首先，目前地方政府过度地借债投资实际上带有一定的挤出效应，在一定程度上挤出其他企业部门，特别是民营企业的投资，同时由于部分地方政府投资缺乏统筹规划，也造成了一定程度浪费。其次，我国将逐步进入老龄化社会，社保支出压力将逐渐增加。根据民政部发布的《2022 年民政事业发展统计公报》，截至 2022 年年底，全国 60 周岁及以上老年人口 28004 万人，占总人口的 19.8%，其中 65 周岁及以上老年人口 20978 万人，占总人口的 14.9%。2022 年全国职工基本养老保险基金总收入为 63324 亿元，支出为 59035 亿元，相当于每个月大概 5000 亿元的养老金支出。2022 年我国人均可支配收入 / 人均 GDP 约为 43%，国际这一比例通常为 60%~70%。居民消费不足很大程度上受收入较低的影响，2022 年的人均居民城乡养老金不足 300 元，如果能够投入 1400 亿元，短期上调人均居民城乡养老金 100 元，其带来的财政乘数效应，应该会高于传统基建投资。在目前的人口变化趋势环境下，政府部门应未雨绸缪，提前进行一定程度的职能转换（更多地转向民生领域）及支出结构优化。

# 01

主 题 一

# 深度解读中国经济现状

# 陆挺

讨论债务问题，首先还是要从经济现状开始讲起。经济好的时候，大家不会太在意债务的问题；只有在经济不好的时候，债务才会成为政府和大家关心的话题。原因很简单，就是很多违约行为已经发生了。在过去两年，内地的违约行为主要是房企拖欠应付账款和延迟交房。内地有息债务的违约行为还不算多，而在香港房地产企业发行的美元债已经出现了大面积违约，近期情况又有所恶化。过去几个星期内，甚至一些非常优质的民营房企的美元债价格也暴跌了90%。有较多违约行为发生时，我们就会特别关注政府和央行的政策。

我首先简要地谈一下我对当前经济的看法。

无论从高频数据，还是从近期的PMI、出口数据、房地产数据和2023年二季度GDP等各种数据来看，我认为现在经济增速下行的压力确实是不小的。这是我们在讨论债务问题的时候首先要关注的基本背景事实。2023年下半年经济增速下行压力较上半年更大。主要有两个原因：一是暑假结束后，疫情后的报复性消费反弹基本结束了。二是因为房地产行业的巨幅调整连累了地方政府融资平台、金融机构、上下游企业以及众多家庭，行业呈现下滑的趋势，这种趋势并没有被遏制，对2023年下半年中国的宏观经济和金融形势也带来了一定的冲击。

再谈一下经济复苏乏力的几个主要因素。一是出口较弱，这主要是因为中国以外的大部分国家因为通胀和加息导致经济走弱，加上疫情后需求结构从商品转向服务。这种外需疲软也抑制了中国2023年的经济复苏力度，这个制约因素在下半年表现得更加明显。

二是地缘政治问题。2023年地缘政治风险明显上升，已经从多个渠道影响了中国经济的复苏，包括上半年外商直接投资和香港股市融资的总额减少。这方面，短期内或许很难看到改善的迹象。

三是民营企业信心问题。过去两年，民营企业家面临着信心的冲击，企业运营的风险增加，这可能会导致民间投资的不足，也会对房地产行业，尤其是一线城市的房地产产生一些影响。

最后一个因素是我们现在要尤其特别重视的房地产的问题。房地产市场在这次价格下跌之前，为GDP贡献了25%或为政府收入贡献了38%。这个行业的巨幅萎缩本身就对总需求带来巨大冲击，又导致上下游企业应付账款的违约和大幅削减房地产相关税费的连锁反应，使得经济增速进入下行通道，这也会导致我国的债务问题进一步恶化。现在大家在热烈讨论的一揽子化债的方案，我认为根本上离不开对房地产的深度分析。房地产这个问题如何解决，软着陆还是硬着陆，对未来全国的化债工作至关重要。

# 许宪春

我从四个角度来谈一下 2023 年上半年经济运行的特点，一是生产角度，二是需求角度，三是收入角度，四是价格角度。

## 从生产角度看 2023 年上半年经济运行的特点

我们从生产角度来谈一下 2023 年上半年经济运行的特点。

从生产角度看，2023 年上半年经济运行表现出三个比较重要的特点。第一个特点，经济增速恢复较快，两年平均增速仍然较低。2023 年上半年 GDP 同比增长 5.5%，增速比一季度回升了 1 个百分点，比 2022 年同期提高了 3 个百分点（2022 年同期 GDP 只增长 2.5%，增速较低），比 2020—2022 年疫情三年的平均增速提高了 1 个百分点。

从这些数据看，2023 年上半年经济增速恢复的是比较快的。从分季度数据看，一季度 GDP 同比增长 4.5%，二季度同比增长 6.3%，一季度 GDP 增速比 2022 年四季度回升了 1.6 个百分点，二季度比一季度又回升了 1.8 个百分点。所以分季度数据也体现出经济增速恢复较快的特点。

但是按两年平均计算，2023 年上半年 GDP 只增长 4%，仍然比疫情三年 GDP 平均增速低 0.5 个百分点；按两年平均计算，二季度 GDP 只增长 3.3%，比疫情三年平均增速还低了 1.2 个百分点。

所以说 2023 年上半年（尤其是二季度）GDP 增速受 2022 年同期基数影响较大，剔除基数的影响，按两年平均计算，2023 年上半年（尤其是二季度）GDP 增速还是比较低的。

第二个特点，第三产业增加值增速加快，对经济增长的拉动作用进一步增强。2023 年上半年第三产业增加值增长 6.4%，增速比一季度提高了 1 个百分点，比 2022 年同期提高了 4.6 个百分点，比疫情三年平均增速高了 2.3 个百分点。2023 年上半年在三大产业中第三产业增加值增速是最高的，对 GDP 增长的贡献率达到 66.1%，拉动经济增长约 3.6 个百分点，继续对经济增长起主要拉动作用，且拉动作用比一季度进一步增强。

在第三产业中表现比较突出的有以下几个方面：一是线下接触型服务业增加值增速加快。2023 年上半年住宿和餐饮业，交通运输、仓储和邮政业，批发和零售业增加值分别增长 15.5%，6.9% 和 6.6%，增速都比一季度高，维持了回升的走势。其中住宿和餐饮业表现最为突出，是 2023 年上半年第三产业增加值中增速最高的行业。即使从两年平均增速来看，住宿和餐饮业增加值也达到了 6% 的增长率，与疫情前的差距已经比较小。二是现代服务业增加值增速加快。2023 年上半年信息传输、软件和信息技术服务业，租赁和商务服务业增加值分别增长 12.9% 和 10.1%，增速也都比一季度高。三是金融业增加值增速加快。2023 年上半年金融业增加值增长 7.3%，增速比一季度高 0.4 个百分点。四是房地产业增加值增速回落。2023 年上半年房地产业增加值增长 0.0%，增速比一季度回落了 1.3 个百分点（一季度增长 1.3%）。2023 年一季度房地产业增加值在 2021 年三季度以后首次实现正增长，但是二季度当季又回落到负增长区间，所以导致上半年房地产业增加值零增长。

第三个特点，第二产业增加值增速提高，但是仍然低于 GDP 增速。

2023年上半年第二产业增加值增长4.3%，增速比一季度提高1个百分点，但是比同期GDP增速仍然低1.2个百分点。其中工业增加值增长3.7%。在国家统计局公布的所有行业中除房地产业以外，它的增速是最低的。主要原因：一是出口的影响，二是国内需求不足，特别是投资需求不足，所以工业增加值增速较低，与疫情前的差距较大。建筑业增加值增长7.7%，增速比一季度高。

## 从需求角度看2023年上半年经济运行的特点

从需求角度看，2023年上半年经济运行有哪些特点？我也归纳为三个方面。

第一个方面，消费需求增速进一步恢复，对经济增长的拉动作用明显增强。2023年年初以来，疫情影响在逐步消退，各地促消费政策显效发力，带动消费需求较快增长。2023年上半年，消费需求对经济增长的贡献率是77.2%，贡献率较高，比一季度提高了10.6个百分点，拉动GDP增长4.2个百分点，比一季度提高了1.2个百分点。

我们将2023年上半年消费需求对经济增长的贡献率和拉动的百分点与疫情前的5年，也就是与2015—2019年作一个比较。疫情前的5年的消费需求对经济增长的平均贡献率是62.7%，平均拉动经济增长4.2个百分点。2023年上半年消费需求拉动经济增长的百分点与疫情前的5年的平均水平是相同的。从居民调查数据看，2023年上半年全国居民人均消费支出同比名义增长8.4%，实际增长了7.6%，名义增速比一季度提高了3个百分点，实际增速提高了3.6个百分点，提高的幅度是比较明显的。

但是，2023年上半年消费需求对经济增长的贡献率较大，拉动GDP增长的百分点较多，实际上是与2022年同期基数较低有关。2023年上半年居民调查中的全国居民人均消费支出同比名义增速和实际增速都比一季度有明显提升，也是受2022年同期基数较低的影响。如果剔除2022年基数的影响，按两年平均计算，2023年上半年全国居民人均消费支出同比名义增长5.4%，实际增长4.1%，都明显低于疫情前的水平。所以和疫情前相比，当前的消费需求仍然是不足的。

第二个方面，投资需求增速有所回落，对经济增长的贡献率有所下降。2023年上半年投资需求对经济增长的贡献率是33.6%，比一季度下降了1.1个百分点，拉动GDP增长1.8个百分点，比一季度提高0.2个百分点。2023年上半年全国固定资产投资增长3.8%，增速比一季度回落了1.3个百分点。2023年上半年投资需求对经济增长的贡献率是有所下降的。

从投资需求角度分析经济形势，经常看三大领域投资的表现，即制造业投资、基础设施投资和房地产开发投资。这三大领域投资占全部固定资产投资的70%左右，在很大程度上左右着全部固定资产投资的走势。2023年上半年制造业投资同比增长6%，增速比一季度回落1个百分点；基础设施投资增长7.2%，增速比一季度回落1.6个百分点；房地产开发投资下降7.9%，降幅比一季度扩大2.1个百分点。2022年全年房地产开发投资下降10%，一季度下降5.8%，降幅收窄了4.2个百分点，但2023年上半年降幅又进一步扩大到7.9%，从一季度降幅收窄的走势中再次逆转。从国家统计局刚刚发布的数据看，2023年1—7月房地产开发投资降幅又进一步扩大。

第三个方面，净出口需求进一步走弱，对经济增长的下拉作用加重。2023年上半年净出口需求对经济增长的贡献率是-10.8%，比一季度降低9.5个百分点，向下拉动GDP增速0.6个百分点，比一季度多向下拉动0.5个百分点。也就是说，如果没有净出口需求走弱向下拉动0.6个百分点，那么2023年上半年GDP增速应该能达到6%以上。

根据海关总署发布的数据，2023年上半年货物贸易出口同比增长3.7%，进口下降0.1%，和一季度相比，出口增速回落4.7个百分点，进口增速回落0.3个百分点，因此货物贸易顺差增速回落。由于全球经济恢复乏力，同时伴随着高通胀，为抑制高通胀而出台的紧缩性货币政策，不可避免地加速了需求收缩，导致我国出口增长乏力。

## 从收入角度看2023年上半年经济运行的特点

从收入角度看2023年上半年经济运行的特点，主要是看居民收入、规模以上工业企业的利润总额和全国一般公共预算收入方面的特点。

第一个方面，居民收入增速继续回升，但两年平均增速仍然明显低于疫情前的水平。2023年上半年全国居民人均可支配收入同比名义增长6.5%，实际增长了5.8%，名义增速比一季度回升了1.4个百分点，实际增速回升了两个百分点。和2019年全年相比，2023年上半年全国居民人均可支配收入同比名义增速低了2.4个百分点，实际增速已经持平。但是如果按两年平均计算，2023年上半年全国居民人均可支配收入同比名义增长5.6%，实际增长4.4%，名义增速仍然比2019年全年低了3.3个百分点，实际增速低了1.4个百分点。

也就是说，如果剔除基数的影响，2023年上半年居民收入增速还没有恢复到疫情前的水平。这也说明为什么居民消费需求仍然不足，因为居民消费需求是居民收入的函数，按两年平均计算，居民收入增速还没有恢复到疫情前的水平，所以居民消费需求也很难恢复到疫情前的水平。

第二个方面，规模以上工业企业利润总额持续下降，但降幅在逐渐收窄。2023年上半年规模以上工业企业利润总额同比下降16.8%，降幅比一季度缩小了4.6个百分点。2023年1—2月规上工业企业利润总额同比下降22.9%，1—3月下降21.4%，1—4月下降20.6%，1—5月下降18.8%，1—6月下降16.8%，降幅逐月收窄。

第三个方面，全国一般公共预算收入增速明显提高。2023年一季度全国一般公共预算收入同比名义增长0.5%，增速比2023年1—2月提高了1.7

个百分点，2023 年 1—2 月是下降的。因此一季度全国一般公共预算收入增速实现了由负转正。

2023 年上半年全国一般公共预算收入同比增长 13.3%，增速比一季度提高了 12.8 个百分点。2022 年同期增值税大规模留抵退税，基数较低，拉高了 2023 年上半年全国一般公共预算收入同比增速。

## 从价格角度看 2023 年上半年经济运行的特点

从价格角度看 2023 年上半年经济运行的特点，主要是看消费领域价格和生产领域价格变动的特点。

从消费领域价格的变动看，涨幅较低，呈下降走势。2023 年上半年 CPI 同比上涨 0.7%，其中，食品价格上涨 2.5%，影响 CPI 上涨约 0.45 个百分点；非食品价格上涨 0.3%，影响 CPI 上涨约 0.25 个百分点。能源价格持续回落。受国际能源价格下行的影响，国内能源价格持续回落，2023 年上半年同比平均下降了 3.5%，影响 CPI 下降约 0.28 个百分点。也就是说，能源价格下降对 CPI 涨幅起到了比较大的下拉作用。分月看，2023 年 1 月 CPI 同比上涨 2.1%，2 月上涨 1.0%，3 月上涨 0.7%，4 月上涨 0.1%，5 月上涨 0.2%，6 月上涨为 0，涨幅呈下降的走势。从分季度来看，2023 年二季度 CPI 的涨幅明显低于一季度。

从生产领域价格的变动看，持续下降，而且降幅逐月扩大。2023 年上半年工业生产者出厂价格指数，也就是 PPI 同比下降 3.1%，其中 1—6 月分别下降 0.8%、1.4%、2.5%、3.6%、4.6% 和 5.4%，降幅呈逐月扩大的趋势。国家统计局发布的数据显示，2023 年 7 月 PPI 同比下降 4.4%，降幅比 6 月收窄了 1 个百分点。2023 年上半年 PPI 同比降幅逐月扩大，一是受石油、煤炭等大宗商品价格回落的影响，二是受市场需求不足的影响，三是同期基数较高因素的影响。

最后简单地小结一下，从四个方面归纳 2023 年上半年经济运行的特点。

从生产角度看，经济增速恢复较快，两年平均增速仍然较低；第三产业增加值增速加快，对经济增长的拉动作用进一步增强；第二产业增加值增速提高，但仍然低于 GDP 增速。

从需求角度看，消费需求增速进一步恢复，对经济增长的拉动作用进一步增强；投资需求增速有所回落，对经济增长的贡献率有所减弱；净出口需求进一步走弱，对经济增长的下拉作用加重。

从收入角度看，居民收入增速继续回升，两年平均增速仍然明显低于疫情前的水平；规模以上工业企业利润总额仍在下降，降幅逐渐收窄。

从价格角度看，消费领域价格涨幅较低，呈下降走势；生产领域价格在持续下降，降幅逐月扩大。

# 徐高

2023年二季度以来经济增速下行压力明显加大。在经济增速下行压力加大的背景下怎么办，大家还有不同看法。各方分歧的关键在于对“债务”的看法有很大不同。而之所以对债务的观点有所不同，我觉得是有人看宏观问题缺乏宏观思维。

什么叫宏观思维？我给个引子，克鲁格曼2014年写了一篇文章，标题叫《成功的商人不懂宏观经济》。他说商界领袖给出的经济建议经常出奇的坏，尤其是在经济状况糟糕的时候，为什么？因为国家并不是公司。即使是最大的公司，也只会把一小部分产品卖给自己的员工，然而即使是极小的国家，大多数商品和服务主要卖给国内。这是什么意思呢？

当分析一个微观主体，比如企业的时候，要把企业当成一个开放经济体，它只是外界环境的被动接受者。而当研究宏观经济的时候，要把它当成一个封闭经济体。对一个封闭经济体而言，它在支出与需求之间会有微观主体所不具有的反馈效应。不能把宏观经济当成一个企业去理解。企业的需求和收入并不由企业的支出决定，但是宏观经济的需求和收入却很大程度上受宏观经济支出的影响。

所以当一个企业面对需求萎缩，比如企业产品卖不出去时，就应该削减自己的支出，降本增效。因为这个企业就算是给自己的工人加工资，也不可能通过给自己的员工加工资而增加市场对企业产品的需求。这是微观主体的特性。但当宏观经济面临需求不足的时候，恰恰需要增加支出，因为你支出的增加会带来更多的需求，带来更多收入，让你更有支出能力。这是凯恩斯讲的乘数效应。

所以如果只站在微观层面，是无法理解乘数效应的。只有站在宏观层面，用宏观思维，才能理解它。我们现在讨论债务问题的时候，很多人根本不具备宏观思维，因此很难理解：当宏观经济处在需求不足、产能过剩状况时，支出与需求间的反馈就变得非常重要。此时对债务的理解会与我们的微观直觉有很大差别。

因为对经济来讲，需求是可以无中生有去创造，而供给不能。所以凯恩斯提出了一个很极端的设想，当需求不足的时候，我们就雇一些人在地上挖坑填坑就完了。你从微观层面完全没法理解它：挖坑填坑的投资回报率多少，能覆盖它的融资成本吗？但在需求不足的状况下，这就是可行的对策，并且不会带来债务危机。

现在我们来看中国经济的现状。我们首先要理解如今市场到底是需求面起主导作用，还是供给面起主导作用。需求引导的市场波动一定是价量同向变化，就是需求扩张价涨量涨，需求收缩价跌量跌。而供给引导的市场波动一定是价量反向波动，供给的扩张带来量涨价跌，供给的收缩带来的是量跌价涨。中国经济现在面临的是真实经济的减速与通缩压力的上升，这是需求收缩导致的。

实际上如果简单算一下中国的真实增速和通胀之间的相关性，会发现改革开放以来二者长期呈正相关，这表明我们长期处在需求主导的经济运行状态。对我国而言，需求是紧约束，所以我国经济长期处在需求不足、产能过剩的状态。我国的供给过剩来于国内的高储蓄。中国目前的储蓄率超过40%，虽然比前些年低了一些，但还是其他国家平均水平的近两倍。

而简单看储蓄的总规模，并不能够看出中国储蓄的特点。经济体中的储蓄主要分居民储蓄与企业储蓄两类，从国际比较来看，除中国以外的其他国家的企业储蓄与居民储蓄之间有一种此消彼长的负相关的关系。

简单来说，当企业所有制是私有制的时候，企业获得的收入最终也会通过居民持股反映在居民的财富中，重要的是企业储蓄和居民储蓄加起来总财富是多少，收入到底是流向居民还是流向企业并不重要。因此在私有制经济体中，企业储蓄和居民储蓄就是居民身上一件衣服的两个口袋，左口袋钱多了，右口袋钱就少一点；反过来，左口袋钱少了，右口袋钱就多一点。

而且在国际比较中，中国的特点就体现得非常突出了，中国的企业储蓄与居民储蓄都很多，而且缺乏像其他国家那种此消彼长的负相关的关系。因为中国的企业部门与居民部门是割裂的。我们可以观察到，中国的居民部门从企业部门拿到的分红占 GDP 比重不超过 0.5%，而企业部门利润占 GDP 比重 20% 以上，企业却几乎不分红。

当企业投资的回报率低到一定程度时，正常的情况下，最有效的投资就是不投资，把钱拿给消费者去消费。所以对消费者来讲，投资永远是有机会成本的。这个机会成本就是用消费取代投资获得的效率提升。

如果企业的所有权不在居民手里，企业投资回报率很低时，企业把资源转移给居民就缺乏有效的途径，这是中国企业部门和居民部门割裂的原因。

讲得直白一点，在一个私有制经济体中，企业当年挣利润很多，居民发现自己持有的企业股份价值增长很多，他会觉得自己很有钱，从而愿意多消费。但是我们中国的老百姓会因为企业部门利润很好，就觉得自己很有钱，而多消费吗？显然不会。

所以造成中国消费不足的核心原因，是企业部门和居民部门的这种割裂。其背后的核心是我们的经济结构。所以要推进消费转型，就应该调整收入分配结构，增加居民的收入，甚至更根本地增加居民能够获得收入的途径——企业的股权和土地。说得更直白点，也就是企业私有化、土地私有化，这显然不可能。所以中国消费不足、储蓄过剩的局面会长期存在，这是我们分析经济的起点。

# 余永定

2023年二季度开始，中国经济复苏不及预期。同时，与全球的高通胀不同的是，中国通胀率拐头下行，2023年6月CPI同比0%，环比低于近十年同期均值，核心CPI继续下行，PPI降幅超市场预期进一步扩大，表明总需求不足的压力仍未缓解。

第一，随着时间的推移，制度变迁、结构调整对经济增长的贡献将会大大减少甚至消失。第二，中国正以极高的速度进入老龄化社会，劳动力的增长速度将显著下降，由于老龄化和其他原因，中国的储蓄率也将随之下降。而近40%的高储蓄率是过去20年间中国经济高速增长的主要推动力。第三，由于在过去的高速发展时期，中国的环境遭到巨大污染，生态环境遭到巨大破坏，为了治理环境污染、恢复生态平衡，中国将不得不相应付出牺牲经济增长的巨大代价。第四，随着中国经济的发展，中国利用后发效应所取得的技术进步速度可能会明显下降。第五，随着印度等南亚次大陆国家和非洲国家更多地进入国际市场，中国低劳动成本的比较优势将逐步丧失，国际资本流入的势头也会逐步减弱。最后，由于边际效用递减规律的作用，中国人均GDP的增长速度也很可能会明显下降。总之，随着时间的推移，从供给方面来看，中国经济维持较高经济增长速度将会变得越来越困难。

许多学者大概会以为上一段话是在解释为什么近10年来中国经济增速会持续下降。其实这段话引自我1998年7月25日在《改革》杂志上发表的一篇文章，当时的目的不是预测，而是想说明在未来，中国经济增速可能不得不下降。事实是，2002年以后中国经济进入高速增长时期，这个时期持续了10年左右。

我在这里想说明的是：在讨论中国宏观经济形势时，不应该把长期问题和短期问题，把经济增长和宏观调控问题，把宏观问题和产业、企业、微观问题，把宏观经济政策和结构调整、体制改革问题，这些混为一谈。我1998年提到的因素都是长期因素，是一般性因素。在20世纪90年代可以说，在21世纪第一个10年可以说，在21世纪10年代也可以说，但这些因素并不能解释为什么从2010年起中国经济增速逐季持续下降，从2010年第一季度的12%降低到2019年最后一个季度的6%。用长期因素、一般因素解释现实经济问题，在逻辑上跨越了许多中间环节。例如，用人口老龄化解释不了为什么在2023年5月青年失业率为20.8%。分析宏观经济形势，还是应该从现有的宏观经济理论框架出发，从最具体、最直接的现象出发，倒推这些现象背后的因果链条。

当前的宏观经济形势可以概括为“准通缩”、低增长（同自己比）。全球金融危机之后，中国的通胀率CPI平均值在2%左右，核心CPI在1%左右。PPI自2012年3月后有71个月是负增长；其中自2012年3月连续54个月负增长，2019年1月后17个月负增长，2022年10月至今（2023年5月）又连续负增长。GDP增速则从2010年第一季度的12.2%下降到2019年第四季度的6%。疫情冲击更是使GDP增速进一步下降。CPI低通胀和PPI经常性通缩说明：中国宏观经济处于有效需求不足状态。

中央关于“总需求不足是当前经济运行面临的突出矛盾”的判断是非常正确的。“4万亿”投资计划后经济实现V型反弹。但由于刺激政策产生了一些副作用，政府担心通货膨胀，担心金融风险（杠杆率过高产生），在

2010 年就开始不再推出刺激政策，开始强调新常态、宏观经济政策正常化。政府的担心不无道理，V 型反弹后，确实通胀出现恶化、地方政府债务开始急剧增长、房地产泡沫开始进入形成过程。我们低估了继续执行扩张性财政、货币政策的必要性，过早地退出了扩张性财政、货币政策。2012 年之后，政府对通货膨胀的担心逐渐减退，但始终由于担心企业、政府（主要是地方政府）杠杆率过高而不想坚持扩张性宏观经济政策。事实上，中国企业杠杆率很高同企业的融资结构有直接关系。美国企业对外部融资的需求高于中国，美国企业杠杆率不高的主要原因是美国企业对股市的依赖程度远高于中国，而对银行信贷的依赖程度远低于中国（当然还有其他原因）。

不仅如此，中国股市的结构本身也很成问题。在美国，股市融资的绝大部分会投入实体经济，而中国公司市场的前 20 名竟主要是金融机构。不过，即便考虑到地方政府的隐性债务，中国政府的财政状况也好于大多数发达国家。中国如果能够维持较高经济增速和较低利息率，中国的政府债务问题不应该成为妨碍中国政府使用扩张性财政政策的原因。

# 贾康

我要讲几个观点：第一个观点是投资与消费两个概念的关系。中央的表述我认为在学术上是相当严谨的——消费是基础，而有效投资是关键。从社会再生产原理来说，所有经济活动最终的目的，当然就是要满足需要，满足人民群众对美好生活的向往。这样的需求满足是落在归宿上，当然也是供给侧生产经营主体提供产品与服务的出发点，它是基础。这个意义从出发点和归宿的角度，已经表述得很清楚。

而有效投资是关键，就是从能动作用方面看，整个社会再生产一定要有一种驱动力，使供给能够有效适应需求，而且引领需求并源源不断通过生产经营活动提供可以满足需求的产品或服务。那么它的源头，一定是投资，而且需要是有效投资。这样一个关键的意义，我觉得也是非常清晰的。

如果没有有效投资，就不可能有源源不断的稳定就业，就不可能有社会成员相对可预期的收入，就没有支持社会成员（老百姓）消费的源头之水。要是一味地在这种情况下刺激消费，讲“提振消费，加大消费”，听起来很受欢迎，但是可持续性堪忧，到一定的时候，就会自食“民粹主义基础上的福利赶超”这样的恶果，进而陷入“中等收入陷阱”，拉美一群国家就是因此吃了很大苦头。

无源之水、无本之木的消费显然不行，必须保证老百姓有收入，形成有货币支付能力的购买力，这就要求从源头上处理好投资的有效性。

而在整个资源配置中，按照十八届三中全会要求的市场决定资源配置的一般规律，在中国以追赶—赶超实现现代化过程之后，紧跟着的一句话是“政府更好发挥作用”，在当下具有特别的意义：实际上还是要承认凯恩斯主义确立的现代客观经济学框架里的“政府干预”的必要性。中国经济增速走低已经持续了十几年，2023年如果能够达到超过5%~6%，与2022年复合平均的增长速度也只有4.5%或者比4.5%高一点，没有达到中央所说的维持在合理区间的要求，而且这影响着以后新的“两步走”能不能如愿推进。在这种情况之下一定要通盘考虑“有效市场”和“有为、有限政府”两方作用的结合。

有效投资在中国的关键意义，我认为在当下是特别值得我们认真考虑的。当然对于这一观点也是见仁见智。

其中有比较极端的看法，比如有的学者说，只要把消费刺激起来了，中国的问题就会迎刃而解，而投资让政府来做几乎全是无效和低效的。其实，这里面有一个需要正视的“外部性”问题：政府要做的不少投资，从微观视角的成本效益来分析是不合算的，但从全局来看存在合理性。

我们需要一个合理的通盘权衡、组合与衔接来统筹协调一个政府性质的顶层国土开发规划，这不是否定市场的决定性作用，而是政府必须发挥弥补市场失灵的功能性作用。

在构建统一规划的国土开发大格局中，微观主体和基层单位必须形成不动产投资与有效投资，以支持整体发展。然而，依赖“试错法”来构建这样的结构并非明智之举，因为一旦出错，修正的代价将极其高昂，甚至可能错误无法挽回。现在我们必须总结这方面的经验教训。这是关于消费与有效投资之间关系的第一个层面，应从具体的项目出发，逐步上升至全面的国土开发所追求的正面外部性。这需要将所有具体项目的直接效益与整体的综合绩效考评相结合。这是一个显而易见的挑战，需要我们深思熟虑并巧妙应对。

当下如果我们考虑更积极的政府作用，那我们应该在哪些项目上发力？很多人说找不着，我却想说其实俯拾皆是。这几年我一直在讲，最简单的首先是中央反复强调的新基建。一定要搞新基建，别无选择。为了促使数字经济平台公司尽快完成整改并焕发新的创业创新精神，我们需要加速它们的整改进程。同时，新基建的推进也应与已有的老基建相互协调，形成有力的配合。中央已经列出了新基建的七大重点领域，但在这些领域之外，仍有许多其他值得关注和推进的项目，它们同样需要与已有的老基建相结合，以实现更好的发展。我们需要全面考虑，积极行动，以推动数字经济和新基建的健康发展。

中国拥有近百个百万到千万人口规模的城市，拥有近20个千万以上人口规模的大城市。根据国际经验，这些城市之间迫切需要迅速建设起一个四通八达、密度足够的轨道交通网。这是一项至关重要的任务，没有其他选择可以替代。因此，我们必须立即行动起来，以确保这些城市的轨道交通网络能够满足日益增长的交通需求，促进城市的可持续发展。

公交基础设施支撑的有效供给是最根本的，一定要过关；百姓应急和外出度假的买车用车与平日首选的乘坐轨道交通解决通勤问题一定要做到并行不悖；轨道交通网与机动车停车场、停车位一定要相互匹配。

有关部门统计，全中国欠缺5000多万个停车位。现在的停车位还得配充电桩，要搞立体停车场（比如北京的平安大道两边）。我们只有这个选择，没有别的出路了。就算一个停车位平均10万元投资，总规模也有5万亿元，光这一项都已超出了当年“4万亿元一揽子投资计划”的规模。这对整个民生和社会经济的影响，总体来说一定是正面的，但对国土开发规划的能力要求很高。

再举个例子——老旧小区改造。这个事情八年十年做得完吗？中国这么多城市，大量的居民小区改造迫在眉睫，我们要更积极地做事情。没有别的办法，必须把“海绵城市”建设到位。

对于地下综合管廊，我认为早就应该规定所有的新区建设必须有标准图纸，并只能按照综合管廊建设，否则不许开工。老的城区没办法，只能慢慢去改造升级。

乡村振兴是现在的国策，乡村振兴的增长点是不是会有不动产的形成？这方面投资建设的项目也是我们可以发力的项目。

有效投资的“有效性”确实是关键！我们要做到，投资的生产要素一样不缺：有钢材，有水泥，有劳动力，有基本技术力量，有基本管理力量，我们完全可以努力制定与执行一个好的国土开发规划。照着所有这些项目，8 年、10 年、20 年做下去，配合“新的两步走”，政府牵头就意味着特别看重综合绩效，当然会要求在每一个项目上尽力提高直接绩效，形成这样一种有效投资的结合。

第二个观点是消费与投资这两个概念都和举债、借贷有关。比如，从我前面强调的老百姓消费主体来说，首先考虑有货币支付能力的消费购买力，那么这就得有前面就业环节上的支撑。总体来说，必须让民营企业能够提振信心，改善预期，提供中国现在几乎 100% 的城镇新增就业机会。

已有学者运用统计局的指标，确切无疑得出结论：这几年我国 100% 以上的新增就业是民营企业提供的。怎么会有 100% 以上呢？因为国有企业资本有机构成提高，资本密集型特征上升，不过它形成的总的就业盘子是萎缩的，而城镇提升上去的就业率是民营企业的贡献。如果有效投资能做好支撑，首先老百姓就会有就业机会，有货币支付能力，然后跟着消费潜力就会释放，当然还得跟进相应的社会保障措施以解除人们的后顾之忧。

另外还有些支付能力不足以支持单次高额现金消费的情况，由此借贷概念便来了，比如我们这些年积极探讨的消费信贷：房贷、车贷，还有其他耐用家电等消费品信贷。这方面还要总结经验，做到更好。

投资方面的内容，当然就更清晰，必须有合理、可持续的融资。投融资是一个整体概念，债权融资就是借贷、举债问题，此处不再赘述。

02

主题二

# 当前的债务结构与风险

# 徐高

看中国的融资结构，社会融资中占比最多的是贷款，其次是债券。所有债权型融资的占比超过95%。每年超过GDP40%占比的储蓄，通过这种债权性融资所主导的融资方式转向国内投资，这自然会带来债务。宏观经济学中的国民收入恒等式告诉我们，国内储蓄减去投资的差额是经常账户顺差。在美国次贷危机之前，我们国家的经常账户顺差很大，最多时大概占我国GDP的10%，意味着我国大量的储蓄实际是流向国外的。所以次贷危机之前，我国国内债务占GDP比重上升的速度比较慢，甚至在2008年前一度是下降的。但当次贷危机导致我们储蓄外流的渠道被阻塞之后，美国加杠杆加不动，我国储蓄就更多地累积在国内，那自然会造成国内债务规模上升。

然而，中国债务虽然多，但主要是内债。我们现在把我国的对外负债扣掉，我们对外的净资产规模为2.5万亿美元，占中国GDP的比重接近15%。所以对一个国家，尤其对国家政府的债务来讲，它的约束不是国家债务规模本身，而是经常账户的逆差，以及通胀水平。

举个例子，2011年爆发的欧债危机中，危机深重的是“欧猪五国”葡萄牙、意大利、爱尔兰、希腊、西班牙。根据公开数据，2010年西班牙国债占GDP的比重比德国这样的欧元区核心国还要低。真正让“欧猪五国”

变得如此脆弱的原因是，在欧元危机爆发之前，它们长期存在大量的经常账户逆差。所以可以说，欧债危机不是债务太多导致的，而是经常账户逆差太多导致的。

一个国家真正的债务约束其实是债务所支撑起来的国内需求超过供给能力的程度。如果经济是需求过剩、供给不足的局面，债务扩张要么会推升通胀水平（因为需求过剩），要么会带来经常账户逆差（因为需要从国外输入产品和服务来满足国内的需求）。而无论是通胀水平上升引起债务，还是经常账户逆差带来外债，都是不可持续的。

所以在需求过剩、供给不足的时候，债务扩张是会受到约束的，要么是受通胀约束，要么是受外债约束。而如果是需求不足、供给过剩的时候，就不一样了，这时候只要没有通胀或者国际收支的恶化，债务就可持续。

根据国际清算银行的估算，到 2022 年三季度，日本的政府债务占 GDP 比重已经达到 228%，中国的政府债务占 GDP 比重只有 76%，所以我们并没有理由担心中国会爆发主权债务危机。我想大家一定要理解的一个很重要的点是，即使是同样的宏观政策，比如政府借债来支出，它在不同的宏观背景下产生的结果也是不一样的。如果只是因为看起来债务规模很大，就认为其不可持续，这是缺乏宏观思维的想法。

至于地方债，从微观层面来看，我国 3000 多家城投公司平均资产收益率（ROA）不到 2%，城投债平均票息率为 4%，因此很多人认为城投债是庞氏骗局，不可持续。

然而事实并非如此。地方政府融资平台作为公益项目，它的回报并不只体现在它的资产收益率，而是还体现在社会层面，比如地价、房价上涨。所以按中国的这种基建的模式，地方政府借债搞基建挣不到钱。若按这种模式，不光中国挣不到钱，全球都挣不到钱。不过因为政府通过卖地来变现基建的社会效益，然后用这种卖地收入来偿还之前的债务。这就是中国的模式。

从过去的经验中我们得出，盲目去杠杆并非良策。我国 2018—2019 年搞去杠杆，2021—2022 年又颁布“三条红线”去杠杆，结果这两轮去杠杆都明显推升了民营企业资产负债率。因为民营企业的占比大于国有企业，所以整体企业资产负债率也被推升了。大家可以看到，讽刺的现象是，去杠杆的本意是想保护企业，然而结果却造成企业的日子越来越难过。从这个角度看，确实应该反思一下我们的政策哪里出了问题。

除此之外，在 2018 年以来整体去杠杆的导向下，民营企业的亏损率从 2017 年年底的 10% 出头，到 2023 年已经接近 25% 了。而国企的亏损面并没有发生大的变化。所以我想过去几年的经验已经证明了去杠杆是不对的。

我国“稳增长，防风险”的关键在于纠正对债务的认识。

首先，分析中国债务问题的方法要正确。宏观分析要有宏观思维，要摒弃微观经验。尤其对中国现在这种需求不足、产能过剩的局面，更要有宏观思维，把支出与需求的反馈效应考虑进来，才能够找到现在该做什么这个问题的真正答案。要在中国的宏观环境中来分析中国的债务问题，不看宏观环境差异，照搬西方结论的“本本主义”是要不得的。

中国当前作为一个储蓄过剩、需求不足的经济体，债务累积非但可持续，而且很必要。无论是在理论上，还在实践中，过去几年的去杠杆政策都是站不住脚的。现在我们讨论的不是要不要多发债务，而是要不要让我们的融资增长（即债务增长）处在 10 年来的低位。在它已经给经济带来严重伤害情况下，我们要讨论是不是还要继续延续过去的思路、做法。

在居民没有意愿、企业存在诸多问题的情况下，我想现在最核心的是财政需要大幅度加杠杆来创造需求稳定增长。就像前面讲的政府债务的约束在于通胀和国际收支，以及更为根本的，政府债务支撑起来的内需是不是超出了国内供给能力，而不在于债务规模本身。所以盯着债务规模本身来研判政府债务是否可持续的思维是错误的。

其次，财政不能有“土财主”心态。我觉得财政的这种心态好像越来越严重了。财政如果只盯住自己的账本，那就把风险甩给整个宏观经济了，最后自己的账本也保不住了。总有人说财政是中国的最后一道防线，但是这种"土财主"的心态恰恰是在加速中国经济的不稳定，甚至会引发中国经济的崩溃。

最后，地方政府融资平台是中国成为"基建狂魔"的法宝，是创造需求的利器（可类比西方的"财政货币化"），是中国经济成功的"法宝"。

盲目叫停地方政府融资平台就是"自废武功"。无论是在理论上，还是在实践中，过去这几年去杠杆政策带给中国经济的伤害，已经有目共睹了。如果不对这些错误的思想进行彻底的改正，那么必定会给中国经济发展前景带来巨大的隐患。

# 潘向东

就政府的显性债务而言，估计没有人会担心。2022 年中国的 GDP 总量达到 121 万亿元。2022 年年末，我国显性的债务余额为 61 万亿元，其中，中央债务 25.9 万亿元，地方债务 35.1 万亿元。地方的债务结构为：一般性债务 14.4 万亿元，专项债 20.7 万亿元。

这样一个负债水平，若进行横向国际比较，大家都会觉得很安全。

大家最担心的是地方的隐性负债。目前，全国地方隐性负债总额是多少？国家都在摸底，估计谁也不清楚具体数值。财政部前部长楼继伟发文说大概 30 万亿～50 万亿元。但我们与市场上从事相关工作的朋友交流，他们悲观地估计，大概有 100 多万亿元的隐性债务。

如果真的是市场最悲观的估计那样，债务就一定存在风险吗？

个别区域不好说，但就整体而言，出现风险的概率还是不高。因为我们地方政府的这些隐性债务与海外的那些政府负债还不一样，咱们的这些负债还是对应了相应的资产的。目前，这些资产有的收益率比较低，覆盖不了隐性负债的高利息，只要这些利息成本降下去，估计担忧会减轻很多。

目前这样一个负债水平，其实我们不用太担忧出现风险，它还是比较安全的。若与发达经济体比较，我们就会发现，没有哪个国家像中国一样，很多资源都掌握在政府手中（一些领域也被央企垄断，这些都属于资产）。所以在我们分析风险的时候，不仅要看政府的债务，而且要看政府的资产。在房地产市场比较火爆的时期，地方政府也加紧了扩表的进程。看到土地财政的快速膨胀，金融机构自然会去推波助澜。

地方政府采用的途径中有一个途径是，通过地方的国有企业，地方政府提供担保，加大负债；另一个途径是，通过基金、PPP的方式，加大负债。

这些负债合不合理？云南、贵州、青海等中西部地区修路，跑的车多了，那东部地区的汽车企业的车就会好卖很多，形成的税收交给东部地区和中央财政。而且中西部道路建设完备了，也有利于增进国家安全，形成外部效应。所以修路、修机场这类基础建设，说实在的是地方财政代中央财政掏钱做的，从全国总体统筹的角度看，这些修路负债都挺合理的。

再比如，中西部地区在公共服务方面的建设和投入，比如学校的创建，无疑是促进下一代的成长和发展。然而，现实情况是，经过这些优质教育和公共服务培养出来的许多人才，最终选择前往东部城市就业，为东部地区的经济繁荣和税收增长做贡献。这就产生了一个问题：中西部地区的这些建设性负债是否应该由中央政府来承担和管理？

确实，中央政府每年都会通过转移支付来弥补中西部地区的财政缺口。但当前的问题是，在过去的一段时间里，一些地方政府在追求快速扩张的过程中，所承担的负债远远超出了自身的财政收入和中央政府的转移支付能力，这无疑增加了财政风险。尽管这些地方的负债行为在一定程度上反映了监管不足，但我们也不能简单地将其定性为不合理。考虑到地方发展的实际需求和紧迫性，这些负债在某种程度上是必要且合理的。因此，我们需要在确保风险可控的前提下，进一步优化中央政府的转移支付机制，增强地方政府的财政可持续性，以实现全国范围内的均衡发展。

# 钟正生

2022年年底以来，中央及监管部门多次提及要“防范化解地方政府债务风险”，一方面是化债任务的需要，另一方面是由于城投债务风险的加剧。

2018年《中共中央国务院关于防范化解地方政府隐性债务风险的意见》中要求地方政府在未来5~10年内化解隐性债务。而疫情以来，地方政府公共领域等支出需求增加，城投融资不受政府债务限额约束，因而规模有所扩张，这很大程度上影响了化债进度，化债需要提速。

2020年以来我国地方政府债务逐年增长，2023年到期规模近3.7万亿元，创历史新高；2023年城投债到期规模近3.4万亿元，也是近10年来的峰值。与此同时，2023年二季度后中国经济“弱现实”得到持续印证，对于地方政府隐性债务中央不兜底的态度明确，城投平台再融资能力下降，贷款、商票、非标等风险事件发生频率呈上升态势，城投舆情风险关注度再次升高。

通常认为城投融资平台的债务为地方政府隐性债务范畴。“地方政府隐性债务”在2017年7月24日召开的政治局会议上首次被提及。根据《中共中央国务院关于防范化解地方政府隐性债务风险的意见》中的界定，隐性债务是指地方政府法定限额或发行形式之外，直接或承诺以财政资金偿还的、或违法提供担保的债务，主要包括国有企事业单位等替政府举借，由政府提供担保或财政资金支持偿还的债务；政府在设立政府投资基金、开展政府和社会资本合作、政府购买服务等过程中，通过约定回购投资本金、承诺保底收益等形成的政府中长期支出事项债务、承担政府未来支付义务的棚改政府购买方服务等。隐性债务风险是指地方政府无法偿付到期隐性债务而对地方政府信用产生不利影响的风险，且不同区域财力差异较大，因而部分区域风险较大，分化明显。

当前化解地方政府债务风险的难点主要在于“地方政府隐性债务”。此前国际上财政债务方面通常有三条红线：①赤字率（即赤字 /GDP）不得高于 3%；②政府负债率，即（中央政府债务 + 地方政府债务）/GDP，一般认为不宜超过 60%；③地方政府债务率，即地方政府债务余额 / 综合财力，一般认为不宜超过 120%。从赤字率来看，过去 10 年中国预算赤字率基本控制在 3% 以内（除 2020 年和 2021 年）。从政府负债率来看，据财政部发布的相关指标计算，2022 年年底中国政府部门负债率达到历史峰值 50.4%，低于 60%，但广义（含隐债）负债率达 92.7%（超过 60%）。从地方政府债务率来看，我国地方政府负债率在 2021 年以前也基本控制在 120% 以内，2022 年首超警戒线达 129%，但宽口径（含隐债）下的地方政府债务率则远高于 120%，为 315%。

融资成本高企、利息负担重，以及土地出让、税收收入双降导致偿债能力下滑是当前城投平台面临的主要困难和风险。

（1）我们以 2022 年地方政府债务余额加上 2023 年地方债发行预算来估计 2023 年的付息本金，再以 3.34% 的地方政府存量债券的加权平均票面利率估计 2023 年地方政府债利息支出总额，得出 2023 年地方债利息支出约为 1.31 万亿元。以城投有息债务总额 2020—2022 年的年均复合增速来估计本金，以 4.77% 的城投存量债券加权平均票面利率估计，得出 2023 年地方城投有息债务利息支出总额为 2.62 万亿元。合计 2023 年地方政府债务仅利息支出总额就有 3.93 万亿元，这一数值在 2019 年仅为 2.66 万亿元。

（2）土地出让金方面，我们以 2023 年 1—6 月土地出让金累计同比增速（–20.9%）估计 2023 年全年土地出让收入约为 5.3 万亿元，这一数值在 2022 年为 6.7 万亿元，在 2021 年、2019 年则分别高达 8.5 万亿元、7.1 万亿元；税收方面，剔除留抵退税影响近 6 个月税收收入累计同比有 5 个月运行在负值区间，类似情形近 15 年内仅在 2020 年和 2009 年出现过。

（3）我们分别对各省级行政区的利息支出进行测算，发现 2022 年土地出让金对地方政府债务（政府债 + 城投平台债务）利息覆盖率不足 100% 的省份（省、自治区、直辖市、特别行政区）至少有 13 个，而在 2019 年几乎所有省份的土地出让收入均可完全覆盖债务利息。

此外，城投平台发债期限大多集中在 3 年内和 5 年，超过 5 年的占比不到 10%，而与此同时融资流向主要为地方政府主导的基建项目，项目投资周期长、收益率低。2017—2022 年基建行业（按申万分类）上市公司行业平均资产收益率分别为 2.09%、1.85%、1.69%、1.57%、1.53%、1.51%，而基建行业总资产回收期几乎都在 10 年以上。香港中文大学教授宋铮曾在 2023 年 3 月表示："基建投资回报率在过去几年里下滑严重，目前回报率只有 2%~3%，极可能低于现在的全社会融资边际成本。"可见，投资端和负债端的收益、期限不匹配是城投平台的根本问题。

城投平台是具有中国特色的融资主体，一般不具有稳定的经营性现金流，其筹集的资金主要用于基建、服务于地方政府，并且往往主要依赖于政府资金或资源而不是项目现金流来还债，相当于是"企业举债、政府使用、政府负责偿还"。城投平台因地方基础设施建设投资所积累的巨额债务是不纳入政府预算的，因此一直以来平台都存在着债务无序扩张与过度举债的问题。地方政府通过城投平台融资的背后，是地方政府追求经济增速、"地产 + 基建"投资驱动型的经济增长模式，以及"土地财政"模式下偿债收入来源有保障这些因素共同驱动的。城投平台同房地产公司在资金融通上形成了正反馈机制：房地产价格越高涨，房地产公司资金流转就越快，地方土地出让收入也就越高，平台就越会有充足的还款来源。而这样的模式显然不可持续。

城投平台作为地方政府重要的融资渠道，经历了政策从宽松到收紧的转变过程。20 世纪 80 年代初开始，出于改革开放后经济建设的需要，中央开始允许地方政府发债。但由于地方政府财权过大以及融资和资金用途不规范等问题，1994 年我国实行了分税制改革，1995 年 1 月实施了《预算法》，其中重新规定，“地方政府不得发行地方政府债券”，暂停了地方政府的发债行为。2008 年之后，中央逐渐放开了地方政府发债限制，城投平台逐渐登上历史舞台。

（1）城投平台发展阶段（2008—2009 年）：2008 年，为缓解“4 万亿”配套资金的压力，中央提出“支持有条件的地方政府组建投融资平台，扩宽中央政府投资项目的配套资金融资渠道”。因此，在 2014 年新《预算法》通过前，地方政府债务是指地方政府、经费补助事业单位、公用事业单位、政府融资平台公司及其他单位等直接借入、拖欠或因提供担保、回购等行为以及因建设公益性项目所形成的债务。

（2）适度规范的过渡阶段（2010—2013 年）：2010 年构建了城投监管的初期政策框架；2011 年规定严格按照政策要求管控新增平台贷款，以实现“降旧控新”的总体目标；2013 年鼓励地方政府投融资平台公司发债，用于经济技术开发区、高新技术开发区以及工业园区等各类园区内小企业创业基地、科技孵化器、标准厂房等的建设，用于完善产业集聚区技术、电子商务、物流、信息等服务平台建设，用于中小企业公共服务平台网络工程建设等。

（3）监管趋严阶段（2014 年至今）：2014 年 8 月新《预算法》（修订版）通过后，规定除在国务院确定的限额内发行地方政府债券外，地方政府及其所属部门不得以任何其他方式举借债务；除法律另有规定外，地方政府及其所属部门不得为任何单位和个人的债务以任何方式提供担保。这相当于明确要求剥离城投平台的政府融资功能，即城投信用不再与地方政府信用挂钩，地方政府不再对城投债兜底。但城投公司通常是地方政府下设的投融资国企，很难完全市场化，因此市场仍习惯把城投债看成有地方政府背书的高等级信用债，事实上直到目前为止城投公募债仍未有过违约。而即便是在2014年之后监管有过边际放松的时候，总体的方针也一直都是化债。

自2022年年底以来，监管机构对“结构化发债”的处罚力度加码，城投融资监管愈发严厉。结构化发债有多种形式，违规操作的核心是发行人以非市场化手段干预发债过程，以不透明的操作降低市场资金参与度，使债券有低于市场公允水平的票面利率，释放错误的价量信号，以便改善自身的融资环境。例如，发行人因发行困难，可以寻找过桥方共同参与认购资管产品，再将资管产品投向自己发行的债券，债券发行成功后过桥方退出，发行人则需要不断寻找质押回购的交易对手，直至债券到期，如此会导致实际融资金额低于发行额，且实际融资成本由于变相支付各项费用因而并不低。2022年11月18日，证监会发布《关于注册制下提高中介机构公司债券业务执业质量的指导意见（征求意见稿）》，对结构化发债提出坚持发行人、中介机构“一案双查”，坚持“双罚制”原则，严惩违规机构和责任人。之后，为进一步防堵违规结构化发债行为，2023年1月12日证监会在新修订的《证券期货经营机构私募资产管理业务管理办法》及其配套规范中明确要求，私募资管计划投资于同一发行人及其关联方发行的债券的比例超过其净资产的50%的，该资管计划的总资产不得超过其净资产的120%。同时，按穿透原则加强逆回购交易管理。2023年4月28日，中国证券投资基金业协会发布《私募证券投资基金运作指引（征求意见稿）》，重申禁止管理人等参与结构化债券发行、收取返费等违规行为，不得直接或者变相收取债券发行人承销服务、融资顾问等各种形式的费用等要求，同时对投资债券的集中度提出了“双 10%”“双 25%”的要求。目前，部分弱资质城投依赖于隐蔽但违规的结构化发债，这一规定出台对其影响很大，可能会对部分区县城投债务的可持续性带来更大压力。

为进一步推动商业银行准确识别、评估信用风险，真实反映资产质量，《商业银行金融资产风险分类办法（银保监央行〔2023〕第 1 号）》已于 2023 年 7 月 1 日开始实施。办法规定：有现金流的政府债务相关业务（隐债项目 + 城投债务）将获得一次不下调分类的重组机会（降低利率 + 拉长期限）以及不得低于一年的观察期，而对于没有现金流或现金流无法覆盖债务本息的项目，则将面临严重的分类下调冲击。此外，隐债置换业务的可操作性也会受到影响，因为原先广泛适用的借新还旧、展期等操作可能均被视为重组，进而受到操作次数的限制。新规对多次重组的分类做出明确规定，再次重组的资产至少归为次级类，并重新计算观察期。毫无疑问，新规令尾部城投化债空间进一步被压缩，对地方政府债务置换和重组产生重要影响。

我们认为当前城投债务风险仍在可控范围之内，主要有三方面原因：

（1）政府需要守牢底线。地方债以及城投债形成的根本原因是，分税制改革后地方政府发展地方经济的需求，以及其所承担的事权与财权长期不匹配。因此，为了维护地方政府信用，中央政府在一定程度上会对城投平台施以援手。城投平台的融资来源包括银行贷款、城投债券以及非标融资，其中银行贷款占比过半，其次是城投债券和非标融资，且城投债券融资占比有上升的趋势。此前城投舆情主要涉及的是银行贷款展期或非标违约，而城投标准债券若出现违约将对债券市场、银行体系以及地方政府信用产生系统性风险冲击，违约处置成本会比化债成本高很多。因此，至今没有出现城投债违约的情形，这也或许是当前中央政府和地方政府需要守牢的底线。

（2）金融资源尚可调动。例如，前期天津市政府与中国银行天津分行签署全面落实战略合作协议，全力满足天津市各级政府存量隐性债务还款计划调整的诉求等。城投平台债券相较政府债券信用分层明显，区域差异性大，局部风险集中度大于全局风险。因此，中央和地方政府通过协调金融资源，守住区域性、局部性风险底线问题不大。

（3）政府家底较为厚实。我国政府部门杠杆率（含隐债）高于大部分新兴市场国家，但相对于西方发达国家来看并不高。中国虽尚不属于发达国家，但我国政府的融资能力、政府信用以及经济高质量发展比其他大部分新兴市场国家都更有优势。如何衡量我国政府部门的杠杆率是高或低，因篇幅原因我们留在之后的专题再讨论。但比较确定的是，我国的显性政府债务杠杆率以及中央政府的杠杆率较大多数国家偏低。更为重要的是，截至2021年，我国国有企业资产总额308.3万亿元，在盘活国有资产方面仍有较为充足的空间。

但一个不争的事实是，隐债清零并不容易，化解隐债需要尽快走出“规模扩张—化解—规模仍然扩张”的循环。由于我国经济增速的降档以及旧增长模式的不可持续，化债似乎已经到了比以往任何阶段都更需要重视的时刻：一方面，据中诚信国际测算，在不突破现有资本规模和监管指标的前提下，我国商业银行总共可以承接低于20%的地方政府隐性债务，承接过程中还可能会面临当期及累计利润下降、监管指标恶化等问题。其实，近年来房企风险暴露已经在一定程度上影响到商业银行资产质量，银行不赎回的二级资本债数量大幅增加正体现了这一点。因此，协调金融资源在一定程度上涉及如何平衡银行息差以及如何保护银行作为债权人利益的问题。另一方面，我国前期进行过多轮置换化债，但最终的结果是新增隐债规模并没有下降，反而在持续上升。是否要再次开启大规模债务置换，以及为了不重蹈覆辙如何设计一套合理的化债方案，这些问题仍有待分析讨论。

# 贾康

投资，特别是投融资，主要防范什么风险，其实中央已说得很清楚：系统性风险。经济活动无处不有风险因素，关键是不要形成系统性风险。如果看见风险就压下来，什么风险都不能感觉到，整个经济也就没有试错、没有活力，而且会出现严重的问题。

中央经济工作会议以后，整个房地产业的政策转向，暖风频吹到现在，才只能做到使大家感觉房地产总体来说不崩盘。还要解决陆续出现的违约、“保交楼”和其他的麻烦问题，这还有一个过程。当然“冰火两重天”格局已经在波动中间表现出来，首先是“火”的一边是一定还会回暖，“冰”的一边是可能需要一城一策解决问题，不过总体的趋势也是跟着走完这一轮的上升。当然总结一下，就是不要“浪费”这样的危机。所谓机制，中央说的长效发展新机制，就是过去说的健康发展长效机制，靠什么打造？靠基础性制度建设，即啃硬骨头的配套改革。这方面一直是我们的短板，《人民日报》非常明确地说了，必须追求治本。但怎么追求治本？这跟后面我要说的金融视角上的配套改革又有关系。防范“合成谬误”风险，在中国其实已经有值得总结的重要的经验和教训。

对于债务的风险，特别是地方政府债务的风险，确实需要仔细研究。我觉得如果概括起来说，中国当下地方政府债务的风险，一个是局部的一些压力即特别突出的、值得关注的地方，另一个就是隐性债务风险，这些值得特别关注。局部的压力过高，如果出了问题再灭火，会影响全局，震动整个市场的信心。如果是隐性债务风险而迟迟不能发觉，一旦爆发则让人措手不及，出现公信力的丧失。

大家最近关心的贵州案例——遵义出现了城投债的违约，实际上重复的是前些年早已经见过的云南的省级路桥公司解套的办法。经过协调以后，遵义的城投公司正式宣布本金展期，利息照付，马上市场又归于总体的平静了。

尽管我们有一定的调整余地来应对当前的问题，但局部的风险已经显现，这种难以预防的情况可能会让我们陷入困境，并逐渐缩小我们的回旋余地。我们必须认识到，虽然有些地方存在负债支持超常规发展的现象，并且取得了出人意料的成果。例如贵州省数字中心和全省高速网的建设，以及产业集群的发展，但这并不意味着没有问题。为了解决当前的负债压力，有人提出出售部分茅台股份以缓解压力，这确实是一个可行的选择。然而，在总结过去的经验教训（特别是独山县建设“水司楼”的教训）后，我们需要更加谨慎地制定规划和把握节奏，以防止频繁出现可能让我们陷入困境的风险和压力。

# 许善达

如果要讨论债务的范围，那我可以作一些补充，从我们国家来看，还有一些没有计入口径的债务。我从税务局角度来讲一讲，现在最大的一项是以税收方式体现的债务，就是我们增值税的留抵税款，有万亿元数量级。

这个是从 1994 年我们搞增值税开始的，当时的历史条件我就不详细说了。我们搞了一个留抵税款，要按照增值税的规范，应该是每个月销项和进项要清零，销项大的就征税，销项少的就退税，这是增值税的规范制度。

但是根据 1994 年我们财政情况，我们实现不了，所以当时我们就稍做变通。要是进项大于销项，就不给你退税，但是留在账上记着，这是你的权益，等你以后有了销项再来对冲。

从性质上说，政府欠企业的退税就是负债，负债在初期影响不大，后来我们营业税改增值税，所有营业税改成增值税都能够抵扣了，所以抵扣的范围扩大，这是第一种情况。

第二种情况是我们鼓励的企业，高科技重资产企业受到重大影响。越是高科技重资产企业，投资周期越长，留抵税款越多，企业的融资成本就越高，资产负债率就越高。对上市公司来说，这两个指标高对公司的股价估值都是负面的影响。

对于这两种情况，在2016年全面推行营改增之后，全国政协主席组织调查推行之后的情况，我当时参加了这个调查。调查中就提出留抵税款要改为退税，不能一直用留抵的办法让企业用以后的销项对冲，应该退税。这个意见被国务院、被中央所接受。

所以从2018年开始，我们就开始实行留抵税款退税的政策，但是财政这么多年积累的留抵数量是很大的，不可能用一年的财政收入来全部退完，财政也不可能这么安排。

所以在2018年、2019年、2020年、2021年都是财政部安排预算额度，把额度分到各个地方的税务局，然后税务局根据财政部的额度来考虑哪些企业有多少留抵税款可以退税，然后我们按照税务局发的文，就是达到什么要求的可以退，退多少比例是有公式的，不能都退。

但是这个只退了增量的一部分，每年的存量还在增长，所以改革从2018年开始到2021年，只是一个数量的改革，减少了存量上升的幅度，但是存量还在增长，每年都在增长。

国务院认为应该改革。为了鼓励高科技重资产企业，想要它们重资产、投资周期长、投资规模大，但要是再不解决这个问题，对这些企业是很不利的，也就起不到鼓励作用，而是负面作用。国务院决定存量也要退，但是财政当年的钱没有足够多的话，是不可能退存量的。

若要问政府对企业的负债用来干什么了，那就是政府用于投资和开支了。其中投资可以理解为形成了国有资产，国有资本增加了。我们写过一个报告，就是存量要退税的话，就要动用国有资本，要用国有资本变现来退税。

2021年年底国务院决定，从金融口，央行的资产包括外汇管理局的资产，拿出1万亿元人民币，拨给了财政部，财政部就把这1万亿元分配到了给税务总局，然后分到各省、各市、各县，存量单独计算要退1万亿元。

由于汇率的变化，央行的资产也是一笔一笔划的，最后实际上退了

10800 亿元，这是财政部正式公布的数字，但是没退完。没退完的数字还没有公布，但我可以说它仍然有万亿元数量级，也就是说这依然是政府的大体量负债。但这个政府负债不体现在政府债券、企业债券上，而是体现在我们留抵税款的存量上。

我觉得如果要讨论债务，这一笔隐性的政府债务就应该纳入考虑的范围。但这跟咱们一般的债务（比如商业银行贷款或者财政发的债券）的偿还机制是不一样的。不过我觉得要想高质量发展，要想鼓励高科技重资产企业发展（这是我们将来发展的主要投资领域），那这个负债应该及早偿还，这是我讲的一个隐性债务。

第二个隐性债务是对社保的负债。从 20 世纪 50 年代初期讲起，我们国家当时是一个农业国，要建成一个工业化的国家，那么，为了实现工业化，就要增加积累，没有资本是不行的，没有投资是不行的。我国当时的资本是非常稀缺的，所以就跟苏联借钱，但借钱就等于外债，你得还，利用国内创造的财富来还。所以当时我们国家实行“较少改善民生，较多提取积累”战略。要少改善民生，不改善不行，改善多了也不行。要多提取积累，再来投资，把我国的工业化建成了，这样对国家将来的发展，对民生以后的改善都有好处，这是一个必由之路。

实行战略就有很多措施。有个例子，也是我们国家已经在政治上认可的一个负债，就是我们在搞国有企业改革时，原本我们企业职工退休后从企业领养老金，若某企业要破产，而破产后这个企业原来的职工退休会到企业去领养老金、领退休金，却领不到钱或领到很少的钱。这就相当于为提取积累做出了贡献，而政府或国家欠着这部分钱。

所以当时我们国家决定要建立社保养老制度。那时候我们中央财政改革的时间并不长，1994 年分税制开始，养老改革是 1998 年、1999 年。按道理讲，社保养老应该是全国范围统筹的，但是当时我们中央财政没有实力，所以搞了个分省统筹。

但是有一条，我们除了企业要交养老保险，个人工资也得扣，不过这是改革以后。但是在改革以前就有很多退休的，还有很多来不及交的，若改革时还有一年就退休了，他没交那么多钱，怎么领钱？所以我们国家做了一个很重要的决策，就是认同当年企业没有给职工交养老保险，职工也没有自己交养老保险，等于是降低了企业的成本，增加了企业的利润，而增加的企业利润做什么了？投资又建成新的企业，扩大了国有资本。

所以当时决定由国有资本划转搞一个社保基金理事会，这不仅仅是股份转移的问题，而是认可了我们国有资本有一个隐性的对职工的负债。这个已经做了，而且一开始都是上市的国有企业划转，后来就是所有国有资本都得划转，不管上市不上市都得划转，所以决策本身就意味着我们国家认为国有资本有一部分是属于对职工的社保的负债，现在就要拿出来作为负债的偿还来源，所以我觉得它也是一个隐性负债，但是没有体现在债券上。

还有一个没有统计的隐性债务，就是对农民的负债。从2006年国务院决定免除农业税，免除“三提五统”，当年的“三提五统”就是说，我国原来是农业支援工业，农民支持城镇职工，农村支持城市，所以当时的积累就是这么一个过程。

当时的积累里面有相当的部分也形成了国有资本。我讲一个最简单的数字，我国第二个五年计划安排“继续进行以重工业为中心的工业建设”，民间的说法是城镇职工是不足的，农民需要支援城镇，称为义务工，当时农民的义务工要达到500亿元，你想想那个时候500亿元对于我们国家的国有资本的形成能起多大作用？

可能有一个说法有些人也都了解，当时农村一个劳动力一年必须要去干多少天义务工，不管吃、不管穿、不管发工资。比如，1个生产队有100个劳动力，要完成1000个工日的工作。派10个人去干100天，或者派100个人去干10天，所以义务工也是当时国家积累的一个渠道（当然还不止这个）。

当时实行工农业产品剪刀差，压低农产品价格，提高工业品价格来获取积累，这也是我们国家“较少改善民生，较多提取积累”战略的一个组成部分。

因为较少改善民生而从农民收入中分割出来变成积累的，最后就形成了国有资本，所以我们国有资本还有一个隐性的对农民的负债。免除农业税、免除“三提五统”以后，就是要改为城市反哺农村，工业支援农业，这个方针就倒过来了。但是，现在应该说还没有完全解决过去的所谓存量的问题，这跟我说的留抵税款存量是一个性质。

显性债务都是在账面能数得出来的，而我认为应该研究的是上面这些账面看不到的债务。研究我们国家整体的财政金融的形势，我们还要考虑很多隐性债务，隐性债务对我们国民经济的影响也是非常大的（我就提出这么一个比较宏观的意见，供大家参考）。

# 罗志恒

（大家在很多方面有很强的共识，比如化债要短期和中长期结合，比如遏制增量和化解存量结合，都给了我比较大的启发。）我主要想讲三个方面的问题。

一是怎么看待债务的问题。有专家谈到，债务是一种善。我觉得债务本身既不是善也不是恶，它是一个中性的词，也是一个中性的工具，取决于怎么去用和用到哪里，是使用它的人让它体现出了所谓的善与恶。

我认为探讨债务的关键其实是两个，第一个就是债务的支出结构和效率，钱花到哪里去了，效率如何？如果说债务所对应的支出结构比较好、使用效率高，形成优良资产，我认为这样的债务是好的债务，这种债务和它的资产是匹配的。第二个是债务形成的资产、现金流与债务期限结构的匹配问题。如果说债务形成的资产以及相应现金流与债务期限结构不匹配，是用短期的贷款来投非常长期的项目，在这样的情况下，就可能会出现债务风险，也就是钱还不上的问题。

至于债务它是不是妖魔，有人说是妖魔，也有人认为债务驱动增长是非常成功的，要继续坚持这样的道路，我认为这两者均不可取，都不是全面客观地看待债务问题。我们既要看到债务的风险，也要看到债务同步形成的资产和收益；既要看到过去的成功，也要看到无视风险的话未来不可持续。这是我们对债务应该有的基本认知。

有专家讲，要从宏观视角去看待债务，说中国经济的债务与高储蓄是匹配的。我认为从宏观角度这么认识是没有任何问题的，但我特别想强调的一点就是，在宏观上成立的东西，也要考虑它的微观基础。比如，城投平台在举债的时候，说自己是个企业，但是在偿还的时候没有现金流了，就说，有很强的公益性和很大的社会效益，所以还不上是理所当然的。这就有问题了，至少前后的逻辑应该一致。城投平台的债务不管从宏观上成立与否，它在微观上都要接受市场经济规则的约束，也就是欠债还钱，而不是只从宏观上看多么正确。否则如果只看宏观，那微观主体就都不受市场规则约束了。我觉得宏观上成立的东西也要考虑在微观上是不是真的可行，这也是我们对债务应该有的基本认知。

二是债务上升的原因问题。过去几年，我们进行了一轮又一轮的债务甄别、清理和化解，但是为什么还会显现一轮又一轮上升的债务呢？所以我想探讨的是：到底出现了什么问题，使得债务不断上升？该怎样去化解债务的风险？

为什么经过过去几轮债务清理，还是又出现了新的债务风险、债务规模的持续膨胀？我们把地方政府债务放到国家财政运行的角度，可以发现地方政府债务等于地方政府的收支差扣掉中央的转移支付。我们经常看到一些文章，说 31 个省份的财政形势严峻，而且是用收支差全部转负来论证我们形势的严峻情况的。但事实上，我们每年各省份的收支差都是这样的，是一个负数，而这个负数实际上是由我们国家的体制所决定的。1994 年分税制之后，中央和地方有个初次分配，地方的收入计入地方的一般公共预算，紧接着中央会根据地方的财政收支情况进行转移支付，来平衡区域差异，所以我们可以看到地方政府的支出就等于本级收入加上中央转移支付，再加上债务。换句话说，地方政府的收支差是天然存在的，收支差就等于中央对地方的转移支付再加上债务。

在过去几年内，债务规模持续攀升，有几个重要的原因。

第一个原因：过去几年经济增速在持续下行，同时我们面临着内部、外部方方面面的风险和挑战，在这样的情况下，我们推行了减税降费的举措，减税降费导致宏观税负往下走。当宏观税负往下走的时候，支出端如果没有同步削减，那减税降费就等于赤字和债务的攀升，这两者之间是等价的。减税降费的规模等价于赤字和债务攀升的规模。

很多经济学家在讲我们要继续减税降费，我想还是要有全局思维。经济学家既支持减税降费，又支持提高民生福利，逆周期调节，加大支出，同时还提出债务风险很大，要化解债务风险。但实际上这三者不能同时并存，如果非要选择的话，这三者之间你只能选择两个。所以不能一谈财政政策就是减税降费和扩大支出，自己的观点不能有内在矛盾。

第二个原因：中央对地方的考核有重大的转变，就是从过去单一的 GDP 考核过渡到了多元目标，包括经济增长、精准脱贫、环境保护等目标。这意味着地方政府的支出刚性程度上升，支出责任范围扩大。正如前面讲到的，当支出刚性程度上升，责任范围扩大，收入端如果不增加，就会导致赤字和债务的攀升。

第三个原因：我们可以看到过去这些年内部、外部的风险挑战多发、频发，经济社会变得越来越不确定。外部有美国对我们的打压，内部我们面临各种各样的风险挑战，经济增速下行引发系列问题，如房地产风险的问题、金融风险的问题等。怎么去解决这些问题？可能唯一的做法是财政支出。化解风险增加了潜在的财政支出责任。

对国家而言，稳定非常重要，所以一旦出现可能会影响经济社会运行稳定的情形，我们会通过财政去化解。一些地方成立保交楼的房地产纾困基金，增加了潜在的支出责任。再比如说，中部某省当时村镇银行负责人跑路等金融风险事件，也都增加了潜在支出责任。这个钱在原来的预算中是没有的，现在有新的风险事件出现要去化解，增加财政支出怎么办？增加债务。

综上所述，宏观税负下行、考核制度的改变，以及经济社会风险财政化导致收入端往下走、支出端的责任扩大以及刚性上升，也就是债务规模的扩大。

三是分税制是不是债务形成的原因的问题。有人说，是分税制导致了中国的土地财政和债务问题，但实际上大家可以看一看，1994 年分税制改革之后，同步匹配的是中央对地方的税收返还和转移支付；2002 年所得税制度改革之后，又建立起了规范的转移支付制度。考虑到了地方本级收入加上中央对地方的转移支付在 2009 年之前是完全可以覆盖地方支出的，甚至还有结余，因此分税制不应该是导致地方财政困难和土地财政的原因。2009 年之后，城投平台如雨后春笋般出现，债务问题逐步凸显。所以，分税制不是债务问题的原因，政府职能的扩展和近乎无限责任政府才是债务问题的根源。

# 张明

当前中国政府债务究竟具有哪些典型特征？

第一个特征是，和发达国家相比，我国全口径债务的总体规模并不算高。要测算中国地方政府债务规模，关键是测算地方政府隐性债务的规模是多少，各种估算结果不大一样。目前来看，规模为30万亿~50万亿元的估计比较多，例如，国际货币基金组织（IMF）的估算结果就是50万亿元左右。这样来看，中国政府全口径债务规模为GDP的100%~110%。即使如此，这一数据依然低于很多发达经济体，例如，美国超过110%，日本高达250%。

第二个特征是，政府债务的结构不合理，期限短、成本高的地方政府债务的占比过高。如果我们看欧美主要发达经济体，政府债务中大头是成本很低的中央政府债务。反观我们国家，按照估算，地方政府债务大概占到政府全口径债务的4/5。

地方政府债务的平均利息成本是多少呢？也有不同的估算。大致平均下来的话可能在6%左右。这还是平均成本，如果到了三四线城市的融资平台，利息率就可能是两位数了。此外，地方城投债大多是3~5年的期限，需要不断地滚动融资。

第三个特征是，中国各省的政府债务具有很强的异质性。例如，目前北、上、广的隐债基本上已经消除了，之前本来就控制得不错，这两年又通过再融资债券化解了。但是，如果你到中西部地区去，很多省份的真实隐债规模要比表面上的数据高得多。除融资平台之外，还有很多隐性负债藏在当地国企或其他机构的资产负债表中。

对东部省份而言，靠自身化债可能问题不大。但对中西部很多省份而言，即使靠省级政府来化债，说实话依然非常困难。因此，处理异质性很强的地方政府债务问题，对于债务较轻的省份和债务严重的省份，处置方式不可能完全一样。当然，我们也要适当考虑省际公平的问题。

# 陈淮

中国当前的问题的确是债务的问题，不是消费的问题。我们从 2022 年年末的中央经济工作会议到现在一直在讲扩大消费，鼓励老百姓花钱。老百姓不是完全没有钱，我们的城乡居民储蓄存款一直在增长。

我们当前的地方债、企业债，包括显性的，也包括隐性的历史积累。但是所有的债务，包括地方债的灰犀牛，也包括居民的过度负债（超过风险承受能力的负债），其实都是一种系统性因素导致的。比如，从房地产涨价时开始，我们的媒体不称高房价为“房地产泡沫”，而是告诉我们：“你敢不敢花明天的钱圆今天的梦？”

系统性因素造成的“债务过度”危机，我们债务风险释放的途径不畅，利率机制被人为扭曲了。我们的经济发展得这么快，可是利率回报才百分之二点几。利率是怎么形成的？真正的市场化利率不是央行定的，必须有充分发达、足够规模的债务市场。所有的债权人和所有的债务人博弈，最后形成的利率才叫市场化利率。如果债权债务市场不充分，规模不够大，是找不到合理的利率平衡点的。

消除债务危机的根本之处是建立社会普遍的资产信用体系，不怕欠钱。负债不是一种恶，所以别觉得负债挺不好意思。欠人钱，没关系的，欠钱说明你有信用，你有资产。

房地产负债是与生俱来的，不要总说房地产欠多少钱。欠钱不是问题。恒大的问题不是出在欠钱上，是出在拿了钱乱用。这是急功近利，好大喜功。

房地产不负债，建房是没有的。类似的情况，你看农村老农给儿子娶媳妇，也得把十里八乡亲戚朋友借遍了，这叫动用农村社区信用资源。乔家大院怎么建的？那是不借钱，一辈一辈地扩圈，那是“土财主”的办法。房地产开发商并没有多少固定资产，土地、砖瓦灰砂石、在建工程实际上都是流动资产的性质，都是要形成产品的，要卖出去的。

所以全世界都一样，它不适合用股权融资的方式，适合的主要融资方式就是负债。通过项目债等多种形式的债权融资，叫直接融资。向银行借钱，叫间接融资。我们房地产面对的问题，简单地说，就是“五个锅三个盖”，销售周期非常短的时候，勉强能行。厨子用五个锅同时炒菜，有三个锅盖就可以。这一锅开盖颠勺了，那一锅还盖着锅盖。但一旦周期放缓，马上就会出问题。

盲目多元化也是一个问题。你看恒大盖房子盖得好好的，跑去踢什么足球？聘请一位经济学家给 2000 万元。其实那就是借债的标签，你让银行一看，一个经济学家我敢给 2000 万元，你还不敢借给我钱？

然后是绑架买房人的信用。这个值得我们多说几句。按照期房销售制，实际上按揭贷款的最大受益方是银行。当贷款到期的时候，银行找谁要钱呢？找买房人。买房人跟银行借的钱，跟开发商没关系。而如果开发商不能交房，买房人损失最大。为什么银行往外借钱，开发商用钱，它们二者不直接交易？为什么要借给买房人？因为开发商绑架了张三、李四、王五几个人的个人信用，累积到一块儿为它担保。而开发商不交房几乎没什么风险。由此导致了风险的过度集中，集中在了买房人的身上。

现房销售丝毫降低不了期房销售的客观风险。很多人说只要取消期房销售以后就没有保交房一事了，这纯属主观想象。

所有房地产项目，从在建到最后交房的过程中，风险始终是客观存在的，不会因为用什么样的销售方式而增加和减少一分一毫。例如，开发商挖地基挖出一个秦代的古墓了，文物局说停 10 年，买房人的购房款就扔里头了，这种风险是因为期房吗？开发商老总，比如某董事长犯法被公安局逮起来了，这种风险和期房销售有关系吗？原材料涨价、环保未达标等，所有这些风险，也就是不确定性，都是客观存在的。现房销售并不能减少这些风险一分一毫。

所有这些都是客观风险。而汇率变动的风险也是。例如，碧桂园为何最早从美元债务违约开始？它为什么不还？因为当时人民币大贬值，还钱的话得多还 7%~8%。或许拖两天，耗半个月，等央行一干预，人民币还能升回去，还债就能节省几千万。

所有这些风险都是客观存在，不因为用什么销售方式而增加或减少。要解决的问题是，这些风险该由谁承担？不能把这些风险都集中在无辜的买房人身上。要通过市场化的方式，让所有参与者及链条各环节分担，实现风险的均衡配置。

# 赵伟

我们每年会不定期整理地方城投平台发债融资中借新还旧的比例，用以刻画债务滚续的可持续性。城投平台在发债的时候，会注明用途，以及各用途的比例，其中借新还旧的比例可以在一定程度上反映平台目前的现金流自由度状况。

我们整理了2022年的情况，借新还旧的比例达到或接近100%的省级行政区，已经有10个左右了。换句话说，已经有1/3的地方平台债务的现金流自由度达到或接近零，每多借一笔钱，未来的债务压力就会大一点。

在这种债务已经滚不动的情况下，再在业务线上加压是非常低效的。这也就是为什么在过去一段时间内，稳增长政策在实物工作量推进方面的效率越来越低的根本原因。再抽鞭子是没有意义的，或者绳子勒得再紧一点，可能就直接“挂掉”了。

2022年有个经济现象值得深思，部分地方项目因为资本金不足实物工作量推进受阻，央行推出了两批近7400亿元的政策性开发性金融工具，用以抵资本金。市场研究人员参照往年杠杆撬动作用测算其对投资的支持效果，实际情况却严重低于预期。在这个金融工具快速有效推进的阶段，我们看到以沥青开工率为代表的中观行业指标出现过一段明显提升，但很快就掉下来了。为什么会这样？

连资本金都拿不出的地方，说明它的债务压力已经大到滚不动的程度。债务滚不动的情况下还要给它多借一笔钱，实际效果可想而知。所以，我们看到在政策推动给它借钱补资本金的阶段，力量往上加了一把，如果后续没有足够多的资金持续，实际支持力度就会立马降下来。在这个过程中，有些债务压力相对比较高，但还勉强能滚续下去的地方，也可能是在阶段性的政策鼓励中被推进了“火坑”。

这种类型的平台靠地方政府的力量很难走出来，所以，这也是中央层面必须尽快着手出台一揽子化债方案的第一原因。

我认为大家对地产周期的认识还是太乐观了。现在大家普遍认为在地产周期“新稳态”下每年新房销售面积、新开工面积等均为 10 亿 ~11 亿平方米，在我看来，在这个基础上可能还要砍一半左右，才是实现“新稳态”后的状态。

提供一个直观、量化的认识，大家可以研究一下日本在 20 世纪八九十年代是什么样的情况。日本在泡沫破灭之前，每年新房销售面积的高点大概在 1.6 亿平方米，在 1.6 亿平方米的水平上掉下来，稳定的时候大概在 7000 万平方米，砍了一半多，前后经历了十年左右的时间。

我们在 2015 年棚改货币化之前，市场共识是，地产新房销售的高点为 12 亿平方米。而在棚改货币化等政策的刺激下，在有所透支的背景下，新房销售面积最高在 2021 年达到了近 18 亿平方米。中国跟日本有本质的不同，但对于中国在地产周期“新稳态”下新房销售面积到底达到多少合理，我担心目前市场常见的算法可能过于乐观了。

从另一个视角看，在地产市场正常运行下，新房价格一定会比二手房贵，这时候会有个经济现象，我称它为“新人买新房”现象，也就是结婚的新人更愿意买新房。在棚改货币化推进之前，我国每年结婚对数跟新房销售套数，大部分时候“亦步亦趋”。

我们会发现，2022 年我国结婚对数相比高点已经掉了一半，2022 年只有 680 万对。2022 年往前的几年里，我国的平均家庭住宅面积在 130 平方米左右，明显高过了我们平常的认知，其中重要原因是低线城市的家庭户型面积大，而它们的占比高很多。三线及以下城市的新房销售面积能占到全社会的 70%，但从 2023 年开始，房地产商已经不愿意去低线城市拿地了。这意味着未来平均家庭住宅面积可能会有所下降。过去一些年我国新生婴儿数持续下滑，2022 年只有 956 万人，可能意味着从更长的周期来看，结婚人数还会继续减少。为什么中央层面必须出手化债，也是因为在地产大周期已过的情况下，旧的政策工具不好用了。在短期效果打折扣的同时，强行逆周期往上拔，带来的成本将会是巨大的。

所以中央必须出手加快一揽子化债方案。我认为大家目前遇到问题的时候，对问题定性定得不准确。很多专家还是习惯将当下经济增速下行压力归结为短周期问题，显然是不准确的。我们眼下面临的问题，最可类比的时段就是中国的 20 世纪 90 年代末。旧有的增长模式演绎到这个阶段已经不可持续了，我们必须从根本上做出一些调整。

在考虑化债思路的时候，也应该把它放在更长的周期框架下讨论，而不是只把它当成一个短周期问题来修修补补。但现实中，我们看到的政策建议还是以短周期框架下的打补丁为主，各种“兜底”式的模式摸索依然是在原有增长模式下的推演，无法从根本上解决问题。

在这种情况下，地方政府在“谁家的孩子谁抱走”下的模式摸索不可能从根本上解决问题。所以中央必须出手，推进一揽子化债方案，标本兼治，才能最终长治久安。

# 陆挺

我谈几点对我国债务的看法。

首先，要看到我国在过去十几年的债务增长确实是不低的。过去几年中，我和同行在交流和辩论中发现，有的学者认为：中国在2008年以后，债务增长不快，中央政府财政赤字太低，雷曼危机之后政府过早停止刺激政策，导致GDP增速不断走低，本来GDP增速是可以长时间维持在8%左右的。其实如果我们更加严谨地去度量我国的债务和赤字，就会看到我国整体债务的增速是不低的，政府赤字也是很高的，尤其是在2008年雷曼危机以后。不少经济学家之所以认为2015—2018年中国债务增长不快，实际上是因为被一些统计数字迷惑了，尤其是那几年在置换地方政府债务的时候，因为特殊的数据处理方式，严重低估了实际的信贷增速情况。当然，这并不是说中国现在已经没有财政空间去刺激经济，而是要客观地看到我国的整体债务负担并不低，要珍惜宽松财政的空间。

其次，要特别讨论一下我国的中央政府债务规模。经济学家们几乎一致认为，我国中央政府的债务特别低，因此政策空间还特别大。这个观点是有道理的，但要审慎对待表面的数据，尤其是在做国际比较的时候。比如说，中国庞大的政策性银行的债务算谁的？国家铁路总公司的债务呢？例如，国家铁路总公司这样的机构，只是把牌子从中央政府的部委变成了公司，是否就可以从此归类为公司债务？还有，我国央行在过去十几年中承担了越来越多的财政功能，比如2015—2018年的棚改货币化，规模就达3.6万亿元，这是不是中央政府债务呢？央行现在有一批结构化的工具，使得其财政功能还在不断提升。另外，地方政府的债务中全国人大批准的那部分，总共37万亿元左右，有中央政府信用的背书，实际上也可归为中央政府债务。总之，我们要看到，我们中央政府的实际债务远不止表面的27万亿元。再说到地方政府的债务，其实主要就是其平台的债务，这也是一揽子化债工作的核心。对于其规模，各种估计都有，应该说50万亿元算是一个比较保守的估计。

最后，我谈谈中央政府的财政政策，尤其是中央财政支出在稳增长和化债方面能起什么样的作用。我和辜朝明先生在2023年6月初详细聊过一次。当时我就跟他讲，他的政策建议在日本20世纪90年代没有任何问题，我完全赞成，但是今天中国面临的问题很不一样，不能完全照搬。

哪些方面不一样？第一，这轮房地产行业的大幅调整中，中国企业和居民的资产负债表有没有受到损害？肯定有，但我认为到目前为止，还是远远小于日本20世纪90年代的受损程度。日本在那个时候不仅仅是大城市的土地价格掉了80%以上，股市也掉了80%以上。而最近这两年，我国股市虽然“不争气”，但总体下跌幅度还是有限的，尤其是主板；房地产方面，小城市跌幅大一些，大城市的房价下跌幅度也还是有限的。

第二，资产负债表受损的实体类别不一样。在中国资产负债表受损的实体主要是这三类：一是地方政府及其平台，因为有土地的收储；二是房地产开发商，过去几年买了不少土地，尤其是在低线城市；三是居民，尤其是房价下跌幅度较大的低线城市的居民。和日本当时不同，在我国，地方政府平台和房地产以外的企业并没有深度卷入到房地产泡沫中，尤其是我国的工业土地价格是非常便宜而且稳定的，因而除了和房地产直接牵连的企业之外，制造业企业总的来说并没有直接受到房地产泡沫影响，这跟20世纪90年代的日本是完全不一样的。

第三，很多在20世纪90年代资产负债表受损的日本企业在国际上有相当强的竞争力。从20世纪90年代到21世纪初是全球化高速推进的时代，日本企业在那几年积极拓展国际市场，盈利能力很高。这些日本公司正因为赚了钱，才有可能像辜先生讲的那样，有钱去还债，去修复它们的资产负债表。而在我国面临资产负债表问题的企业中，地方政府既没有意愿也没有能力去还钱，房地产企业或许还有意愿，但几乎没有能力去还钱。如果说居民有意愿提前去偿还房贷，那也不是因为要修复他们的资产负债表，而是因为种种历史原因，存量贷款利率太高，而目前市场投资收益率又太低，所以有动力去提前还贷。

这些表面的差别背后还有些更深层次差异。日本国土狭小，人口只有我们的1/10，20世纪90年代初的日本已经高度发达，人均GDP比美国还高，城市化已经基本完成，也没有严重的地缘政治问题。虽然日本企业在互联网的大潮中有些落后，但很多企业还是有很强的国际竞争能力。在这个背景下，日本中央政府在大幅增加财政支出时，没有对民间支出产生明显的挤出效应，也没有带来因为资源错配而导致的严重后遗症，但在我们这里，要特别留意这些挤出效应和后遗症。最近，我参加了一些会议，讨论政策时大家都有一个共识，就是要大幅增加中央政府财政支出，这个建议其实和辜先生的建议是一样的。我和辜先生长聊时，说到在一些特定情况下，因为挤出效应太大，增加中央政府财政支出甚至不一定会增加当下的总需求，有些政策的后遗症可能会过于明显，尤其是大家对过去的一些政策后遗症还有记忆的时候，推出这些政策有可能会降低投资者的信心。

这里尤其要指出的是，中国是个大国，区域和人口远超日本，所以中央政府在安排财政支出的一个时候，必须面临如何在区域间分配资金的问题。我国在2015—2018年这几年间的棚改货币化实质上就是大幅度扩大了财政支出，当时确实在较短的时间内拉动了经济，但因为资金的配置同人口流动及城市化应有的方向相悖，导致了我国现在所面临的众多问题，包括房地产行业的问题和地方债务的问题，这中间有些教训值得我们去吸取。

# 朱宁

对中国当前的债务问题我想说几点。

第一点，我们经常听到有人说中国现在的负债率为270%~280%，然后对比日本的380%~390%，说我们还有很大的空间，债务没有问题。但我觉得这不是一个苹果跟苹果的比较，我希望提醒大家一定关注到这一点。

我专门去查了一下，1989—1990年，日本的房价处在高点。做个类似的比照，我们全国的房价是在2021年可能处在了一个高点。而在1989—1990年，日本的全国范围内，企业、政府、家庭加总在一起，债务对GDP的比例是215%~220%，这其实比我们在2021年以及现在的水平是低的。这里面肯定是有过去三年疫情防控的原因，但是我想这是有必要强调的。

第二点，我特别同意应该确定隐性债务究竟怎么算，我觉得这个是真正吓人的地方。隐性债务有一部分叫“隐性”，还有一部分叫“或有”，我觉得这两者是不一样的。隐性债务就是放在你根本看不见的地方，或者故意把它放在你看不见的地方。还有一部分其实是在政府的账上的，只不过在不发生极端问题的情况下，它是不会对政府产生影响的，比如政府对很多下级政府或国有企业形成的担保。我们最近看到，整个底层的资产出现了缩水，以至于政府需要提供的担保的价值越来越大，原来不是它的一些债务或责任，现在变成了它的债务和责任。

第三点，如果我们借用2009年欧洲主权债务危机做一个类比，我觉得我们必须要提到一点。国际货币基金组织的时任第一副总裁大卫·利普顿曾说，中国的宏观整个债务水平可控，但是企业部门的债务增长过快。我当时就跟大卫讲，我说你需要注意，在中国企业和政府之间的那条线是非常模糊的。大量的国有企业的债务平台债务当然不是严格意义上的政府债务，但是它们最后都是政府的或有债务，一旦政府提供信用担保或者信用增进的能力受到伤害（这也是2009年意大利、爱尔兰、西班牙这些国家发生主权债务危机的一个很大的重要原因），就会因为整个主权债务信用评级受到了影响，拉低整个金融机构和企业的信用评级，急剧地推动债务的融资成本上升，这是我想强调的一个事实。

第四点，是关于内债和外债的区分的，内债肯定比外债好，这是毫无疑问的。但是不意味着因为是内债，就没什么问题。大家会说，你看日本400%的内债都没什么问题，但大家别忘了400%的内债也引出了日本的“失落的三十年”，所以从一开始我们必须看到债务的问题有两个：第一个问题是一元钱的利息对于债权人和债务人两者的影响是完全不同的，债权人拿到一元钱的利息转头存到银行里边，债务人因为“一元钱难倒英雄汉”，可能整个企业就破产了，所以，这对于整个经济中的债权债务风险的影响冲击是完全不同的；第二问题我正好做过不少的研究，关于破产成本和破产相关机制的设计，其中涉及破产保护，保护债务人的资产，保护债务人的整个企业可以作为一个存续经营的企业，它的价值不被摧毁。我举一个特别极端的例子，200年前你要是欠人钱是要“住”监狱的，叫作债务监狱。曾经查尔斯·狄更斯就“住”过这个监狱，到现在人们发现不但不用进监狱，而且可以赖债了。比如说我欠了钱就不还了，但我们国内其实很难让债务人在债务重组过程中不用去承担债务。

但大家必须要意识到，并不是说借债或破产一定正确，但是从一个更宏观的角度来看，这些人力资本或企业资本其实就都在这个过程中被摧毁了。

在美国，如果你申请个人破产，7 年之后可以重新再注册企业，重新再买房，重新再办信用卡，称作第二次开始（second start），也就是可以重新再开始一次。我觉得这点尤其是在整个经济增速下行和债务增加的时候，是可以也应该实行的。在最近一段时间债务问题很严重的情况下，我觉得是时候“再一次开始”把破产制度改革提到议事日程上来了。

03

主题三

# 债务的本质与影响

# 陈淮

当负债无法偿还时，存在两种情况。第一种情况是因不可抗力导致的资产损失，如洪水冲毁了存货，地震、火灾等自然灾害或战争等不可预见事件使得真正的实物资产遭受灭失带来的债务违约。这种违约并非出于债务人的主观意愿，而是由于无法抗拒的外部因素造成的。第二种情况是价值属性的违约，比如，我借了 100 元钱购买资产，原来我的资产值 200 元钱，合计总资产 300 元，但是由于种种原因资产贬值，跌到 100 元以下，资不抵债，还不上了。很多时候，地球上一砖一瓦都没少，但欠的钱就是还不上了。这就是价值属性的违约。

我用美国通用汽车的一个例子来讲。通用汽车是多年的世界汽车行业老大，资产质量非常好。但世界金融危机爆发了，它的股价暴跌。由此带来它的总市值不抵它的总债务，也就是资不抵债。请注意，大范围的经济危机爆发时有个特点，那就是资产缩水而债务不缩水。尽管股价跌了，但是通用的研发能力、流水线的资产质量、技术水平、营销能力有任何实质性的损失吗？没有。那怎么办？当时美国政府采取了一个叫作破产保护的政策。什么叫破产保护？它有两个内涵：第一是破产。资不抵债，该破产还是得破产。通用的股权一文不值，市值根本抵不了债，抵后是负数。第二是保护。保护谁？保护债权人。政府给债权人来一个债转股，所有债权都转成股权。银行、供应商，甚至为工人讨工资的工会，将来都是通用的新股东。通用现在的情况是危机导致的信心丧失，但是一旦恢复过来，它的资产可是很值钱的。很多债权人都同意。因为破产拍卖可能拿不回几个钱，债转股反而有因祸得福的机会。那还有不同意债转股的怎么办？政府收购债权。这就是保护。不同意债转股的债权人的债权都由政府收购。美国政府和加拿大政府收购了所有不愿转股的债权。结果金融危机过后，它们因此还大赚了一笔。

我们都说天下所有的债权、债务都是信用交易，所有的信用交易都是风险交易。只要不是一手钱一手货的交易，就一定存在违约的风险。关键的问题是要有资产信用。地方债的关键是它有没有形成有价值、有意义的实物资产。人们无法消除信用交易的风险，只能把风险均衡地分配在信用链条的各个环节。

如果一个木棍按一个人的力量掰不断，那么在木棍中间稍微砍一个小口，轻轻一掰就断，因为应力集中在那一个小口上。债务也是一样。我们讲一个债务风险分担的例子。大家听说过美国的次级债吧？发次级债的房利美、房地美的债权收不回来，引发了美国金融危机，演变成了世界金融危机。房利美、房地美并不直接给美国老百姓买房发放按揭贷款，按揭贷款是商业银行才发的。为什么叫次级贷？房利美、房地美收购商业银行的债权，就是给商业银行贴现，而收购的这些债权是高风险的次级贷款。因为有人给它贴现，所以，商业银行往外贷款的规模不受存款的限制。发出去的贷款又可以反复贴现。那么问题来了，房利美、房地美哪来的钱去给商业银行贴现的？房利美、房地美在国际资本市场上发行两房债券。通过发行国际债券敛钱给美国老百姓贷款买房子。人家当初设计好的就是让国际投资者分担债务风险。

我们的媒体、金融专家从来没把这些告诉过老百姓，这就叫“信息茧房”。（今天时间太有限了，我只能用以上的内容和大家交流，希望大家多打开一扇窗，认识什么叫债务，从工业化、城镇化、生产力发展客观实际的角度重新打量我们所面对的问题。）

# 周天勇

辜朝明先生提出企业在还债付息时，政府必须成为最后的借贷者和支出者，应当实施财政刺激政策，通过财政赤字弥补企业减少的投资，防止资金流动性不足，保证国民经济的稳定增长。

对此，我发表了好几篇文章，不太同意此观点的原因是日本是按照这种模式操作的，而中国和日本的体制根本不同。在中国，财政赤字、政府借款的大部分是投入到国有企业中或金融体系中，无法增加就业，扩大不了居民需求。

但是辜朝明先生提出的资产负债表平衡问题，我认为要引起重视。资产和负债是社会经济发展到负债式模式时的一对相关联的经济范畴，也是整个市场机制中的一对相关联的装置。

在资产负债表中并不是所有的资产都与债务有效地相平衡。第一项不能平衡的资产是人力资产。人力资本对经济增长的推动作用很大，但是非常遗憾的是人力资本不能出现在资产表里，哪家银行都不会让企业用人力资产抵押贷款。机器设备有一定的使用寿命，会最终报废，这是第二项不能平衡的资产。第三项不能平衡的资产是技术或技术设备，技术进步太快，这些资产贬值也特别快。比如电脑，由于技术的更新迭代非常快，以前购买的电脑现在可能成为废品，如果有现金的话就没必要用此项资产去抵押贷款。而第四项，除了国债，股票这些证券资产的风险比较大，也不能与债务相平衡。

对于第五项，公共和准公共资产，比如基础设施、土地等，是不能交易的，当然也不能平衡。有些专家说中国这些资产特别多，但其实如果把公共资产都算进去，也只能“装门面”，起不到保证债务信用和稳定货币币值的作用。

我认为现在的问题不是研究和借鉴哪个国家的资产负债表，而是必须要考虑资产的作用到底多大。如果我们不会出现日本30年前的“巨大泡沫”情况，使用期长、磨损慢的资产长期可能会升值。土地资产永不磨损，一般情况下长期是升值的，当然也要避免出现日本30年前的情况。房屋资产是次好的资产，最好是可交易的房屋资产。我为什么要把资产表上的资产内容说一遍？因为如果没有特殊情况，土地和房屋资产是资产表里最重要、质量最高的资产。

在我们过去传统的计划经济条件下，土地只是生活资料和生产资料，不可交易，也就不是资产。这是因为不可交易就不能定价，不能定价就不是资产，它没有退出的方式。资产要有流动性，要能稳定升值，才能与债务平衡。

20世纪90年代开始逐步实施土地有偿使用制度，需要支付一定的费用以获得土地使用权，在某种程度上讲，土地或土地使用权体现出流动资产的特点。比如，我们住宅底下的土地是流动资产，只不过人住进去了这块土地就很少再动；工厂底下的土地不能让工厂擅自买卖，它是一次性的流动资产。这些特点让土地产生溢值，也就是21世纪90年代后期出现的一波增长，我认为90年代后期的增长的两个原因是，土地的溢值和住宅商品化带来的房屋的溢值推动了经济增长。

根据我们实验室计算的数据，现在城镇市场上大概有4亿套住宅，总价值大概400万亿元；商业写字楼总价值大概150万亿元。

也就是说，如果从住宅加商业写字楼的角度来看，作为债务的信用保证和币值稳定之锚，现在有550万亿元资产，这是一个大的概念。

讲了土地资产与债务平衡的问题，那就顺着讲讲土地制度改革的问题。农村耕地和宅地是不允许交易的，也交易不了，当然也有私下交易的，但是银行不会用它抵押。城镇大部分土地不允许二级交易，或者不能够二级交易，除非采用股权分项的办法，法院裁判完毕后，将土地交给国土资源部门重新去卖，但是大部分居民都不愿意交出土地。

现在的土地制度改革进展是农村耕地和宅地的“三权”分置，这是写到政府文件里的，但是我一直在说城乡土地和农村宅院（这包括农村耕地和宅地）不能交易，不能定价，不能成为资产，它们仍然是生活资料和生产资料。这个问题并没有得到解决。

现在债务问题这么严重，土地要素市场化配置和土地农宅资产化改革进程又非常缓慢，这是因为农民将成为城乡土地和农村宅院资产化的阻力。具体来说，第一个原因是如果农民把土地和住宅卖了，存在“农民到处流浪假说”的恐惧。第二个原因是土地兼并会“重新出现地主”的预言警告。第三个原因是有人认为集体土地资产化就是私有化。第四个原因实际上是最大的问题，就是农村土地地方财政的利益阻挠，这是最大的一个利益问题。

城乡土地和农地资产化改革非常缓慢，我们现在为什么着急？就是因为土地要素市场化的增长潜能。加强土地资产化后，溢值部分加起来占未来改革增长潜能的60%左右，然而最大的一处动力来源现在被封死了。

裴武

今天，我们聚焦的是债务化解，先给大家聊四个引子。

引子一，城投债务规模怎么测算？城投债为什么会有这么大的影响？

城投债作为隐性债务最大的载体，债券规模大概是 15 万亿元，在整个债务中占比大概为 30%，所以，整个债务规模接近 45 万亿元，加上其他的，保守估计至少 50 万亿元的体量。

城投债为什么当下有这么大的影响？最典型的问题就是土地财政的支持力度下滑很明显，而且没有充分预估到它的风险。以昆明为例，昆明巅峰的时候 2019 年大概卖地卖了 1000 亿元，2022 年的时候就只有 100 多亿元，100 多亿元还是有地方平台托底的，等于直接下降了 90% 左右，所以说影响其实还在持续中。

引子二，城投投资和民企投资是对立的，还是非对立的？大家可以观察南京、宁波、东营这几个地方的民企，城投可能是被动加杠杆的过程。

引子三，整个平台和金融体系的风险。现在，我们还是以间接融资为主，资本市场也是以银行为主导，而很多地方其实百分之七八十的信贷都是投向了平台，所以说平台和金融体系它是一体两面的、很难割裂的，也就意味着整个平台的风险处置不能够完全市场化。我们从发债的角度也能感受到，平台债和金融债现在是两大品种了。

引子四，资产的处置。大家对这块的关注较少。其实资产的处置和地方政府的行为是高度相关的，现在的危机就是倒逼地方政府去梳理资产。比如，湘潭梳理了300多亿元资产处置，以及对结构化的一些追缴，再比如江苏的一些措施。其实资产的处置一直是在做的，比如柳州，银行给它做贷款的时候要求的折算比率基本上只有60%，也就意味着300亿元的银行贷款要梳理出500亿元的资产，其实这对当地的要求还是蛮大的。所以，不是地方没有资产，而是需要逼着地方政府去把资产找出来。

这四个引子比较发散，是市场广泛存在争议且很难达成共识的疑难杂症。这些问题的复杂性决定了答案并非那么容易得到，甚至对此后的政策选择也产生了诸多困扰，不同的答案决定了政策选择或者导向。第一，如果误判了债务总体量（我们有很多债务未纳入口径，甚至涉及村镇债务体系，导致债务总量是低估的），就会导致政策救助的范围是有所不足的；第二，当下是城投角色定位和民企的关系，我们一直在提倡新质生产力，城投是会有足够的能力转型并作为新质生产力的排头兵，还是会持续占用信贷资源甚至沦为僵尸企业对民企持续挤出，这值得市场持续关注；第三，城投平台的风险定性问题决定了不同的处置思路，如果仅仅是结构性的问题，那么就是结构性的工具如财政倾斜、金融配套等，如果是广泛存在的问题，可能需要总量工具配套；第四，债务的风险等级也取决于资产端的支撑力度，因而为了降低风险，中央、地方的共识是必须夯实平台主体责任，做资产梳理并处置。这四个引子，是不同维度，暂无明确共识或者实操路径的问题，因而通过这几个引子我们是简述在债务化解大背景下客观现实的复杂性。通过这四个高难度仍留待寻找答案的问题，我们今天讨论三个更为具体的问题：如何看待当下债务周期、如何理解当下政策定力，以及如何理解债务置换的可行性，这三个问题更聚焦政策走向。

首先，我们对债务周期的判断，确实现在应该转度为比较长的视角，当下通过全面加杠杆来实现经济引擎的启动，可能还是需要我们警惕的。其次，我们还是有比较大的政策定力的。最后，当下债务置换对市场的提振有多大？从2014年开始新《预算法》就赋予了地方举债的权限，现在过去了近10年，“正门开得很大”，基本上到2022年年底地方隐债就已经超过了国债总量大概10万亿元，但是地方隐性债务的规模还在持续变大，过去几年其复合增速几乎全是两位数（GDP增速只有个位数），很明显债务是不收敛的。所以，本质上不是说置换能不能做，而是现在置换有没有用，置换面临自身的约束和成本，这是个长周期的问题。

这三个问题，本质上会决定政策选择的路径，如果我们判断债务周期接近去杠杆位置，地产产业链持续收缩，通过盲目基建增加无效GDP其实是不符合长期发展逻辑的，所以我们应该秉持严控城投债规模的态度；继而，我们的政治体制决定了我们的发展是连续且有长期目标的，不会过度短视追求一些短期目标，因而政策定力很可能是超市场预期的，可以从房地产的调控中初见端倪；最后是债务置换的约束性，在当下债务体量过大，且未有效缓解地方道德风险的前提下，一次性兜底可能是不符合中央政策的。这几个关键具体问题会直接决定对于城投债务化解的政策判断，因而居于比较重要的位置。

# 朱宁

从金融角度讲，债务是储蓄的反面，所以我们要想看清债务的本质，就要先想想储蓄的本质是什么。储蓄的本质是从时间上来讲，简单一点说的话，是对今天的消费的遏制，以期在未来获得更高的消费。相反债务是什么？债务是对未来的消费的遏制，以期达到今天更好的消费。所以，从这个角度我们可以理解为什么在国内会出现这种地方政府的债务问题，也就是因为债务周期跟政府的官员的任职周期两者之间是不匹配的。

债务肯定是一种非常重要的推动经济发展的融资手段，但是，我们必须得回到“谁家的孩子谁抱走”这个点上，涉及的是两个不同的委托代理关系，一个是中央政府和地方政府之间的关系，一个是这一任地方政府官员和下一任地方政府官员之间的委托管理关系。这是一个法律问题，这不是一个金融问题。可能很多朋友知道我在2016年写过一本书叫《刚性泡沫》，大家大多数记住了“泡沫”这两个字而没记住“刚性”这两个字，但其实我觉得刚性那两个字才是真正有中国特色的金融体系特别核心的一点。

刚性兑付这种兜底担保来自中央政府对地方政府的支持，来自中央政府对房地产企业的支持，来自中央政府对于整个经济增速的支持，是我们在过去三四十年经济发展的重要推手，但同时也扭曲了我们过去10多年在房地产泡沫中对风险的偏好。

为什么会产生扭曲？因为大家不相信“谁家的孩子谁抱走”，大家相信我们最后都是中央政府的孩子。如果你要让我死，我就死给你看，你最后还是得来抱我，然而这个问题是解决不了的，在我们现在的政策体制下是解决不了的。

问题还是回到政府的公信力和可信度上来了。无论是对地方政府官员，是对房地产企业，还是对每一个普通的购房者，我觉得政府政策的公信力和可信度都仍然是核心，是和我们整个法制体系的建设，以及和我们整个政治的考评机制是紧密相关的，这其实是我们总在谈的怎么来解决债务危机的问题的本源。

很多人不会意识到1840年左右，美国发生了一系列的地方政府债务危机，美国当时有6~7个州宣告破产或者已经是事实性的破产，在这之后才出现了从联邦和地方政府可能的完全分割，到联邦政府可能完全不对地方政府或者低一级的县、市级政府负责任这么一个趋势，这是一个历史演进的趋势。一个很重要的思路就是你的资产要和负债对应，如果你还不上债就卖资产，但这里面会有两个问题，一个问题就是在还不上债的地方，往往资产就卖不出价钱来，会存在一个人迫切地要变卖资产，结果资产要大幅打折才能卖出的情况。还有一个问题是，变卖资产算不算国有资产流失？我花1亿元建的楼，我最后5000万元卖了，这个5000万元流失的责任归谁？所以，它不是一个简单的财政的问题。

接下来我讲一讲最近引发这一系列危机的整个大背景，它仍然是一个“泡沫”。最终我们希望它能够软着陆或者它能够化解。

对于是不是一个“泡沫”，很多朋友都跟我辩论过，说我们根本不是个泡沫，房价收入比不是一个科学的评价标准，房价租金比也不是一个科学的评价标准，我们的整个城镇化率还有很大的发展趋势。我觉得这是从经济的角度来看待房地产。

如果我们从金融的角度，从资产价格的角度来看待房地产的话，房地产跟债券或股票没有任何区别，它就是一种金融资产，它的定价应该和它的基本面的价值有一定的关系，并不一定是严格的正相关关系，但一定是有关系。

2021 年彭博社有一个统计，用我们中国的 5 个一线城市（北京、上海、广州、深圳、香港）和国外的 5 个国际化一线城市（东京、悉尼、伦敦、纽约、温哥华）进行对比，国外 5 个城市的房价收入比在 10~15 倍之间，而中国这 5 个城市中，广州最低是 33 倍，上海是 37 倍，剩下 3 个城市都是 45 倍以上。

如果资本是不受限流动，那么资本往哪儿去这个不用我们想，资本比我们想得清楚多了。所以，一方面我们要扎紧整个资本限制的篱笆，另一方面要留一个口让它流进来。为什么？因为资产的定价在国内外有非常大的落差，而资本是逐利的，这点就不用再多言了。我觉得这是一个很大的问题，就是我们最近的债务问题、地方政府财政的问题、房地产泡沫见顶和逐渐调整的问题，这几个问题的紧密结合，是一个核心的问题。这个大问题我觉得比较复杂和比较难解决。

然后我还想讲两点，一点就是，背后的原因是什么？关键是预期。过去两年的中央经济工作会议的主题三段话都是“供给扰动，需求收缩，预期转弱”，真正要命的是最后这 4 个字“预期转弱”。预期转弱会让大家对今后的经济活动、自己的收入的增长、企业盈利、房地产的价格产生跟过去二三十年完全不同的判断，而这种判断对每个微观主体的决定，无论是投资决定、消费决定都会产生非常大的改变。

那么什么影响预期或影响信心？我想跟大家分享的一个想法，就是很多时候你的信心是来自现实和亲身的体验，但是也来自现实和你的预期之间的差值。6 个月之前说“2023 年的经济大概能完成 5% 就不错了”和 6 个月之前说“2023 年轻轻松松就达到 6%”对比，那么大家现在的信心和预期就是不一样的。

所以，从这一角度讲，我觉得“怎么能够有效地管理整个社会对于经济增长的预期”可能才是我们应该重新思考的问题，并不是把我们的预期拉得越高就越好，预期设立得越高，很可能内心的落差就越大。

现实和预期对人的社会心理有很大的影响，而心理的改变对经济活动有很大的影响，所以，这是我想跟大家讲的预期和信心的问题。

还有一点，也是关于统计数据的问题的一点，这是一个特别简单的问题，也是一个特别复杂的问题。大家都知道我们最近开始不再公布某些就业的数据了（至少现在不公布了），好像有些人说这是个进步。然而，没有高质量的数据，就没法有高质量的政策，没有高质量的政策，我们就不会有高质量的发展。

从这个意义上讲，我们如何才能够真正比较现实和客观准确地看待这些数据问题，我觉得在一定程度上很重要。

04

主题四

# 日本经济的经验启示

# 辜朝明

我在野村工作了差不多40年，在那之前我在纽约联邦储备银行工作。而我一直在关注日本经济。

今天，我被邀请来谈谈中国经济。我必须告诉大家，我不是中国经济方面的专家，但我至少可以告诉大家日本发生了什么，以及如果中国也遇到30年前日本所遇到的类似问题，中国可能会发生什么。

据我了解，本次论坛的重点在于“中国政府是否应该发行更多债券，通过借钱和花钱来维持经济发展”。

如果中国政府也遇到了日本政府在1990年所遇到的问题，那么我认为，是的，中国政府必须发行债券来维持经济发展。那么，30年前的日本遇到了什么样的问题呢？

在1990年之前，日本存在着巨大的泡沫。泡沫是由商业房地产而非住宅房价产生的。住宅房价上涨了，但商业房地产涨得更多，五年内几乎涨了五倍。这让人们变得富有，国内生产总值急剧上升。但在1990—1991年，泡沫破裂，资产价格崩溃，日本全国商业房地产下跌了87%，不仅仅是东京、大阪的小角落，而是整个国家。日本人因此损失的财富相当于三个1989年的国内生产总值。这比美国人在1929—1933年大萧条期间损失的财富多许多，美国那几年的经济损失仅仅相当于 1929 年一年的国内生产总值，而日本是损失了相当于三倍 1989 年国内生产总值的财富。

这意味着日本公司和日本家庭的资产负债表遭受了可怕的破坏。所有这些用借来的钱买了房地产和其他东西的人，他们的负债还在，但是资产价格崩溃了，然后资不抵债，这就是技术上的破产。

但仔细想想，实际上存在两种破产：一种是你不再有任何现金流。如果没有现金流，故事就结束了。另一种是公司被清算，那么公司也就没了。

但如果公司仍有现金流，正确的做法是什么？你有现金流，但负债表资不抵债，你就会用现金流偿还债务。到一定时候，你的负债表又会重新平衡。如果你正在经营类似的公司，这样做是正确的，因为这样你就不必告诉你的股东，对不起，你的股份现在一文不值；你不必对银行说，对不起，我们不能还你钱了；你也不必告诉你的工人，对不起，你们明天就没有工作了。因此，对于所有相关人员和利益相关方来说，这样做是正确的。

问题是，如果每个人都同时这样做，国民经济会怎样？在国民经济中，如果有人还债或存钱，就必须有人借钱来维持经济。如果每个人都在储蓄或还债，而没有人借钱，那么经济就会崩溃。

举个数字例子。如果我有 1000 美元的收入，我自己花了 900 美元，这 900 美元已经流转到别人手里了，但我打算把 100 美元在银行存起来，银行会借给别人。

所以，如果把这两者放在一起，我花的 900 美元加这个人花的 100 美元就抵销了原来收入的 1000 美元，经济就稳定了。

如果借钱的人太多，利率就会提高，借钱的人太少，利率就会降低，以确保这种循环得以维持。这就是通常的经济现象。但一旦泡沫破裂，会发生什么呢？每个人都在修复负债表，每个人都在还钱，没有人再借钱。所以即使中央银行把利率降到零，也不会有用，因为每个人都在还债。在这种情况下，只有政府可以介入并借走私营部门的超额储蓄。

这些都是非常不寻常的情况。这种情况并不经常发生。但当这种情况发生时，政府必须成为最后的借贷者和支出者。

接着上面的例子一样的开头，如果我有1000美元的收入，我花了900美元，这已经在经济中循环了，所以这不是问题。我存下的100美元会滞留在银行系统中，因为没人借钱。即使在零利率的情况下，如果政府不进来借这100美元，经济就会降到900美元。而如果拿到我花的那900美元的人打算花810美元，剩下的10%存起来，即存90美元，这90美元也会滞留在银行系统中，因为人们依然还在修复资产负债表。

而修复资产负债表恐怕需要很多年。以日本为例，几乎花了20年的时间。而在这段时间，如果政府不借这10%的储蓄，那么经济就会从1000，再到900、810、729美元迅速萎缩。在这种情况下，中央银行也无能为力，因为中央银行只能降低利率或向银行系统投放资金。但如果没有人从银行借钱，钱就会滞留在银行系统中，无法流出。

1929—1933年因为“大萧条”，美国国内生产总值损失了46%，原因正是这一过程：从1000到900、810，再到729。日本避免了这一切，因为政府借走了钱。他们做得并不高明，他们本可以做得更好，但至少他们介入并借走了这部分钱。这就是为什么日本的GDP在过去30年里从未低于泡沫时期的顶峰水平，尽管日本在这个过程中损失了大量财富。

因此，在这种十分不寻常的情况下，当泡沫破裂，而泡沫的资金来源是债务融资时，政府就必须介入，因为私营部门无能为力，尽管人们都在做正确的事情。确实从微观经济角度看，每个人都在做正确的事情。但如果从宏观经济学的角度来看，如果政府不介入并借走这部分钱，经济也会崩溃。现在有些人认为，日本的人口结构不好，是造成通货紧缩的一个原因。如果你看一下日本的人口统计数据，在泡沫之前19年，即1990—2009年，日本人口一直在增长。你不能用人口问题来作为日本陷入通货紧缩的原因。

此外，人口的上升或者下降，对经济的影响是非常缓慢的，它无法解释 1990 年后日本经济的明显减速。其实这一切都源于每个人都从利润最大化转向债务最小化，试图改善资产负债表，试图修复资产负债表。从某种意义上说，他们做的是正确的事情。但如果每个人同时都这么做，就会产生错误的结果，也就是我所说的资产负债表衰退。因此，我认为中国许多人存在一些误解，认为日本的商业地产没问题，而住宅房地产却不行。恐怕恰恰相反。

在日本，商业地产才是泡沫来源。住宅房价在上涨，但远比不上商业地产。因为商业地产在日本全国范围内崩溃了 87%，许多日本公司资产小于负债，但它们仍有现金流，因为它们的汽车和相机仍然在全世界热卖。

它们有现金流，资产却小于负债，所以如果用现金流偿还债务，那么最终会造成经济崩溃。只有在人们对资产价格的看法发生巨大变化后，这种衰退才会发生。但如果发生这种情况，政府就必须介入。这不是正常的经济衰退。如果是正常的经济衰退，中央银行则可以降低利率，可以采取一些刺激措施，如财政刺激，经济就可以继续发展。

但如果是我说的资产负债表衰退，我认为“放水”不会非常有效，因为私营部门需要很多年才能真正修复资产负债表。而与此同时，政府还必须不断维持经济运转。

我的猜测是，现在资产负债表衰退的整个概念在中国已广为人知，这与我们在日本经历的情况大不相同。因为 30 年前在日本进入衰退时，没有人知道这种疾病，那时候有监测政策、结构性政策，以及一小部分财政政策，但这些政策没有持续实施，并且浪费了很多时间。

但我的理论显然在中国被谈论得很多，这意味着很多中国学者已经意识到了这种疾病。如果有正确的建议能指出，这是资产负债表衰退，让我们使用实际刺激，那么中国应该能够更快地走出衰退。即使中国陷入资产负债表衰退，也应该能够更快地走出来。

2008 年之后，欧洲人不愿意相信当时他们那是资产负债表衰退，拒绝理解资产负债表衰退概念。因此，他们采取了结构性政策和货币政策，但经济衰退持续了很长时间，西班牙的失业率超过了 20%。这是可怕的。

另一方面，美国人在雷曼危机的头两年就意识到了资产负债表衰退。有些人可能还记得，美联储主席伯南克突然改变了立场。他们开始告诉美国国会和政客，不要削减赤字，要继续借钱。而伯南克是唯一告诉政府不要削减赤字，要继续借钱和花钱的央行行长。现在你知道了，在所有国家中，美国最快走出了资产负债表衰退，尽管美国是这次资产负债表衰退的中心。

问题就出在这里。如果比较一下这些国家，我认为财政政策在这种衰退中是非常重要的，几乎是不可或缺的，因为没有任何其他政策可以解决这种衰退。

现在，我相信有很多人会说："但是现在的债务水平很高。"一些美国经济学家、欧洲经济学家和中国经济学家都非常关注债务规模。一些经济学家非常乐于谈论这些庞大的债务数字，这让人感到害怕。我认为只看债务数字，恐怕不是正确的分析。你必须看看与之相对的储蓄规模。

即使债务非常庞大，如果储蓄规模更大，那么你就有可能忽视那部分额外的储蓄，也就是我之前说的那 100 美元滞留的钱，经济仍然可能崩溃。

判断储蓄多还是债务多的方法是看利率。如果债务相对于储蓄真的很大，那么利率就应该会越来越高。

余永定

在这方面，日本的经验是可以借鉴的。

自 20 世纪 90 年代初泡沫经济崩溃之后，日本政府始终被严重的财政问题所困扰。由于自 1996 年以来经济形势出现好转，1997 年年初在继续执行扩张性货币政策的同时，日本政府开始试图认真解决财政问题，提出了一项财政重建计划，并相应通过了财政改革法。

日本在第二次世界大战后财政状况的发展可分为五个阶段：第一阶段是从战后到 1965 财年。在这一阶段日本严格执行平衡财政政策，因而不存在财政赤字。第二阶段是从 1966 财年到 1974 财年。在 1966 财年，为了刺激处于衰退状态的经济，日本政府放弃了平衡财政政策，发行了为公共工程融资的“资本投资融资公债”。直到 1974 年，这种公债是日本所发行的唯一公债。20 世纪 70 年代后半期是第三个阶段。在这个阶段，日本的财政赤字急剧增加。在 1979 年日本的国债依存度达到 34.7%，换言之，政府支出中的 1/3 以上是通过发行国债融资的。在此期间，日本政府除继续发行公共工程债券外，还发行了旨在弥补财政支出中的经常项目（非投资性财政支出）与税收之间差额的特别赤字国债。20 世纪 80 年代是日本财政发展的第四个阶段。在此阶段，日本政府致力于通过各种措施减少以至消灭特别赤字国债的发放。由于上述努力以及泡沫经济所带来的税收的增加，在1990财年日本政府终于实现了不发行特别赤字国债的目标。从20世纪90年代初泡沫经济破灭到1997年上半年是日本财政发展的第五个阶段。由于经济衰退，政府税收减少，同时，为了刺激经济，日本政府还采取了减税措施。从支出方来看，日本政府大大增加了公共工程支出。1995年当日本经济的复苏过程由于日元升值而陷于停顿时，日本政府推出了一项价值14万亿日元（1157亿美元）的“综合经济对策”（一揽子经济刺激措施）。事实上，日本银行在1995年将公定利息率降到0.5%的水平就是为了配合政府的这一经济刺激措施。正是因为日本政府的松货币和松财政的政策，1996年日本经济出现明显回升，日经指数从1995年7月的14485点的谷底上升到1996年6月的22666点。然而，在经济景气度好转的同时，由于税收的减少和财政支出的增加，日本的财政状况急剧恶化。在1995财年和1996财年国债（资本投资融资公债和特别赤字融资国债）发行量分别为21.2万亿日元和21万亿日元，大大超过历史上的最高水平（历史上的最高水平为1980财年的14.2万亿）。到1996财年年底，日本的国债余额达到241万亿日元。

日本财政重建的目标是：实现债务余额对GDP之比不再上升；在实现前一目标的前提下，实现债务余额不再上升。1997年，日本的债务余额对GDP之比为91.2%，中央政府和地方政府财政赤字对GDP之比为5.4%。假定日本GDP的增长速度为3.5%，如果财政赤字对债务余额之比高于经济增长速度，日本的债务对GDP之比就会越来越高，直至经济崩溃。可以用简单的试算推导出，如果财政赤字对GDP之比每年可以减少0.3%，到2003年，债务余额对GDP之比将达到98%的最高峰，此后，债务余额对GDP之比将逐渐下降。2005年，日本的财政赤字对GDP之比将降到3%。届时，债务对GDP之比将下降到97.7%。如果GDP的增长速度达不到计划的增长速度，日本实现财政健全化的目标就更加困难。实现债务余额与GDP之比稳定于某一给定水平的关键因素是财政赤字对GDP之比必须逐年有所下降。

而实现债务余额与GDP之比稳定于某一较低水平需要用多长时间的关键则取决于GDP增长速度同财政赤字对GDP之比的下降速度的对比关系。

当时日本财政重建的长期目标是到2003年之前把中央政府和地方政府的财政赤字之和对GDP之比降到3%以下，并停止发行特别赤字融资国债。为了实现这些目标，在1997年日本政府提高了消费税，增加了社会保险费，终止了所得税特别措施并削减了政府的各项开支。减税财政收缩的规模大约为9万亿日元。

在1997年6月26日的一次内阁会议上，日本首相桥本龙太郎称：如果日本继续目前的赤字财政，“日本经济毫无疑问将在下一个世纪中崩溃”。日本政府重整财政的努力得到日本朝野的普遍支持。只有少数经济学家认为日本经济还处于不景气状态，现在开始财政重建还为时过早。例如，日本著名经济学家铃木淑夫认为：“政府主张增收减支，减少国债发行……国民负担增长比GDP增长快，会影响消费，并进一步抑制GDP的增长。目前的主要任务是恢复经济。……没有经济的重建就没有财政的重建。要刺激消费和投资。要进一步减税把投资期望提高一些。政府面对财政困难应再坚持一下。”日本大藏省的判断则是，日本目前已走出经济不景气的谷底，着手重建财政已是刻不容缓。然而事实是严峻的。1997年的财政紧缩政策，特别是增加消费税的政策严重影响了日本的经济复苏。1997年，日本的财政赤字对GDP之比有所下降，日本经济不但没有走出谷底，反而大大恶化了。由于经济增长的放慢，日本的财政状况的改善必将越来越困难。现在看来，作为少数派的铃木淑夫是正确的，而大藏省则是错误的。“没有经济的重建就没有财政的重建。”日本政府的当务之急是恢复和巩固经济增长。一切改革和重建无论从长远看是多么重要，都应退居于次要地位。一般来讲，改革和重建将推动经济增长，从长远看更是如此，但对一个处于或濒临通货收缩状态的国家来说，没有足够的经济增长，不良债权就可能越处理越多，资本充足率就可能越提越低，财政赤字就可能越削减越大。日本的经验充分说明，没有足够的经济增长，改革和重建将无从谈起。

# 陈淮

我认为，很多年来，我们的专家层面和我们的媒体层面一直都运行在一个信息茧房之中，不断地以讹传讹。我们先回顾一下日本的房地产泡沫。简单地说，日本所谓的房地产泡沫，罪不在房地产，恶不在开发商。房地产不是恶，借钱不是恶。

日本在 20 世纪 90 年代初房地产市场的暴跌，以及后来的经济增长停滞是什么引起的？有四个原因。

第一个原因，城镇化过程中的城市结构失衡。日本在 20 世纪 70 年代的时候，经历的人口向城镇快速集中的城镇化过程和我们现在正面临的情况相当类似。70 年代初日本的首相叫田中，他写了一本书，叫《日本列岛改造论》，他很有远见地提出，这个城镇化过程一定要大中小城市协调发展。

很可惜在那之后日本没能实现。用日本人的话说，叫过疏化过密化。人口过度向东京、大阪两个都市圈聚集集中，所以大家注意到媒体总是喧嚷说，把东京卖了能买整个美国。你听说过东京、大阪的房价暴涨，但你听说青森的房价涨了吗？你听说九州的房价涨了吗？很不幸，我告诉你，没有涨。很容易理解，在中国，由于人口过度向北京、上海、广州、深圳屈指可数的大城市聚集集中才有了房价问题。

第二个原因，日本在技术路线上有明显的失误。日本创造了一个词叫产业政策，这大家都听说过。在 20 世纪 60 年代日本依据成功的产业政策成为钢铁大国，在 70 年代成为汽车大国，在 80 年代成为家电大国。在 90 年代，日本想成为计算机大国，但没有成。为什么？因为它前面的产业结构升级都是依靠引进消化吸收技术，而到了 IT 产业的时候，没有足够充分深厚的基础研究作为支撑。

当时微软操作系统、硬盘存储、CPU（中央处理器），甚至包括互联网技术全部被美国公司垄断。就像在世界杯足球赛中，进入决赛圈的球队中根本不会出现日本。在最前沿的技术竞争中，日本全面失势，所以就出现了经济崩溃。

第三个原因，日本政治家的急功近利。20 世纪 90 年代初的时候，日本首相叫宫泽喜一。宫泽先生写了一本书叫《大国生活 5 年计划》，他在这本书中写了一句我们大家听起来很熟悉的话。他说，在本届政府任内一定让日本的房价和房价收入比达到和欧美一样的水平。

在战后恢复的日本，住房水平刚刚走到从 0 到 1 的阶段，也就是从无到有的阶段，部分产业走到 1 到 2 的阶段。他要求在本届政府任内达到美国、欧洲 1 到 2 和 2 到 3 的成熟阶段。把至少需要 30 年才能逐步完成的过程缩短到一个任期，急功近利，吹大了需求的胃口。

第四个原因，日本宏观调控政策的摇摆不定。在 20 世纪 80 年代末尾，日本作为一个外向型经济体，遇到了一个很大的问题，欧美国家都反对日本大量的家电出口，称之为经济侵略。

那时日本虽然 GDP 总量提高得很快，但是生活水平与欧美相比差太多。再继续靠扩大出口的路子走不远了，所以日本就提出要扩大内需。咱们扩大内需就是从这儿来的，这是从日本人学到的很正确的战略方针。但是日本当时面临老龄化，社保基金不够，于是又采取了一个加税的政策，增加消费税 3%。这样就形成了对内需扩大的强力对抗。最简单的宏观经济学都会告诉你，无论什么时候加税，都是紧缩性的政策，都是对消费的致命打击。

今天我们还有专家说开征房地产税正当其时。这是跟中央扩大内需的政策成心过不去吗？

日本经济被打下来了，没办法了，政府只好又执行财政特别减税，叫三年特别减税，消费税不是取消，是三年不征，过三年再说。过了三年，缓过点劲来，病还没好，又继续开征消费税。为什么这么急？因为超老龄化，老人养不起了。再次开征消费税，经济再次受挫。怎么办？重新吃药，所以又发消费券、发食品券。可以说，日本宏观经济调控摇摆不定。

希望我们的专家和媒体走出我们自己制造的关于日本经济发展的信息茧房，放开点眼界。

# 05

主题五

# 如何应对债务危机

# 潘向东

首先，2023 年 4—5 月经济突然开始变冷，大家都开始担心会不会出现通缩。如果要反通缩，让经济学家来开药方，那就是宽松货币政策和积极财政政策。所谓宽松货币政策，就是降息和量化宽松；所谓积极财政政策，就是搞赤字财政，比如人们第一时间会想到的就是加大国债的发行。

其次，近期房地产市场继续低迷，地方政府的土地不太好卖，地方政府的土地财政收入会大打折扣。

过去地方政府进行扩表的时候，很多都是基于土地财政，一旦土地不好卖，大家都担心地方政府的现金流撑不起过去的负债规模。

前些日子，所谓云南城投会议纪要的“谣言事件”、武汉财政局催债的事、南宁停车场收费的事都被自媒体炒得沸沸扬扬。这其实从一个层面反映市场对地方政府债务的担忧。

再有，就是大家对加大政府债券的发行有很大的争议，那就是经济的发展到底谁来主导，是市场主导，还是政府主导？加大债券的发行，肯定会进一步加大政府主导经济，所以一些更希望市场主导经济发展的研究者就会建议，刺激经济发展，那就应该多减税。

还有，就是很多人觉得刺激经济实现稳增长，就会影响经济调结构，把稳增长和调结构本是共生的关系，误解成对立的关系。

# 谭翊飞

从宏观上来看，为什么我们的政策出台，为什么我们在这些年会突然形成一个大的框架："我们要去杠杆，要去债务"？为了探讨背后的原因，大家用的一个最重要的指标就是宏观杠杆率，就是说我们的宏观杠杆率过高了，所以我们要把宏观杠杆率降下去。为什么宏观杠杆率过高就一定会有风险？

我们能看到各种各样的数据指标，国内现在不多的测算宏观杠杆率的机构以及国际上 BIS 都有定期发布的数据。可是，关键问题在于，我们在谈论宏观杠杆率过高的时候，我们是不是有一个目标？杠杆率到底降到什么数字是合适的？至少我到现在没有看到这样的政策目标。

我们出了这么多去杠杆政策，却没有看到哪个官方机构说中国的宏观杠杆率应该是多少，总量应该是多少。我们总是说日本是多少、美国是多少、其他国家是多少，但我们在决策的时候是我们要去杠杆，而不是别的国家要去杠杆。如果说我们现在高了，那什么时候是不高？好像这全都没有公认的说法。

在一些具体领域可能有一些指标。比如我们在讨论政府的债务时，我们说政府的债务率应该是 100%，但是现在地方政府整体债务率超了 100%，而且我们现在更多用的是法定债务率的指标，这比实际债务率低很多。还有赤字率，我们的赤字率为3%，如果达到10%会怎样？其实我看IMF的报告会把中国的赤字率计算为10%，我们自己为了表面上维持3%，很多东西都不会算到这个赤字里面去，比如特别国债不算。当一个数字不太好的时候，我们会选择另外一个数字或者指标来看这个问题，但其实这个问题本身并没有变。所以，我们在谈论宏观杠杆率或者政府杠杆率，并以此做决策的时候，好像我们很难说清楚一个问题：中国这样的一个经济体到底需要多高的宏观杠杆率或者多低的宏观杠杆率？我们永远是跟世界平均水平比较或者世界高水平（比如日本、美国）比较，可是有的人就说日本其实也做得挺好，美国这样做其实也挺好，那么我们决策的依据到底是来自哪里呢？

我们这些年搞得轰轰烈烈，搞了这么多的政策，搞到底之后，我们自己都不知道降到什么时候才算完成任务、实现目标。疫情之后我们宏观杠杆率又上了一点，因为我们要稳定经济增长。我们官方的赤字率也突破过3%，好像也没什么事。

那也就是说我们要出一个很大的对宏观杠杆率控制的政策、对债务控制的政策，但其实我们到底需要多大债务杠杆率，这似乎并不清晰。

# 陆挺

在我看来，债务既不是毒药，也不是灵丹妙药，我们要理性地、客观地看待债务对经济增长的影响。工业革命时代以来的现代经济增长的一个重要前提就是通过储蓄的累积而形成规模化的投资。储蓄的有效使用必然以股权或债权融资作为中介，金融中介的作用就是聚沙成塔、久期错配、筛选甄别以及最后的监督跟进。因为股权投资涉及非常复杂的合约，储蓄转化成投资主要是靠债务融资而非股权融资。因此债务几乎是现代经济增长的必要条件，但债务也显著增加了系统风险。

债务使经济系统更为复杂，经济中越来越频繁地出现金融危机和经济波动，那么为什么会有这样的问题？过去的100年中，经济学家像接力赛一样试图研究越来越复杂的经济和金融系统。费雪、米什金、伯南克和明斯基等人的研究揭示了债务在资产泡沫形成和破灭过程中对总需求的冲击。费雪强调了泡沫破灭后资产抛售的后果，米什金讨论了企业净资产下跌对举债的影响，伯南克的关注点是泡沫破灭后金融中介资产表受损之后对信贷供给的影响，明斯基则解释了泡沫产生的机制。在明斯基这里，资产价格泡沫是一个内生过程，而不是经济学家长期分析的外部冲击。所有这些经济学家的贡献其实都是为20世纪30年代凯恩斯所开创的总需求不足理论提供的微观解释。

辜朝明先生讲了他的资产负债表衰退理论，核心要义是如果因为资产泡沫破灭导致企业资产负债表严重受损，企业行为发生了变化，其目标从利润最大化转为生存最大化（债务最小化），借款意愿急剧下降，企业通过积极还款来修复其资产负债表。但是对单个企业来说理性的还款行为若变成大量企业的共同行动，则企业部门从原来的净借款方变成净储蓄方。当经济主体中缺乏借款方时，储蓄没有出路，不能转化为先前的投资，总需求就会下降，并造成连锁反应。辜朝明认为在出现资产负债表衰退的情形下，货币政策失去作用，也就是说出现了凯恩斯讲的流动性陷阱，此时政府应该作为最后借款人，加大财政支出，托住总需求，避免经济增速出现螺旋式的下行。

# 赵建

其实债务是特别复杂的一个问题，不是简单的非黑即白。至少债务你没法说它是好是坏，我觉得它更多是中性，或者说债务是一种现代经济的文明。你看，在原始社会，生产力落后，没有债务，因为没有生产剩余，没有信任，也就没有信用。恰恰是我们进入现代经济之后才有了债务，但是债务并不会像我们想象的那么万能（如果债务可以解决一切问题的话，这个世界经济发展就不会出现这么多问题了），它是文明弊病。就像污染一样，在农业社会没有污染，但是到了现代社会，污染很严重。而且同时我们也没有办法用债务的规模来测定一个国家的经济发展。想一想世界上发达国家，比如美国和日本的债务大得不得了，而非洲国家没有什么找他国借的债，它们的杠杆率只有 10%~30%。这是我们要认识债务的一个非常基础的知识，不要把债务过度妖魔化。但是我想说的是，我最近专门研究地方债，跑了山东、江苏之后的感受可以说是触目惊心。地方债务的影响可能要影响大账了，不是小账，也不是微观的东西。

那么为什么债务危机突然大爆发了？最近债务怎么这么严重？而且我们跟客户讲周期的时候，都是讲债务周期了，不再讲经济周期了，因为债务周期更能直接影响大类资产波动。在债务周期中，我认为有两次大的脉冲：一个是次贷危机，一个是新冠疫情。每次你都能看到它是一个大脉冲直接涨上去了，这两次美国都是几倍的债务增长，然后带动全球债务危机大爆发。

我接下来重点讲讲我最近调研的一些结果，比如关于地方债务，我们防范风险的下半场。

从人类经济活动的大周期来看，可以分为马尔萨斯时代（人口周期）、朱格拉时代（资本周期）和明斯基时代（债务周期）。马尔萨斯时代是人口决定波动，朱格拉时代是资本主义的时代，而明斯基时代，也就是20世纪80年代之后，是债务决定波动。用数据可以证明从第二次世界大战之后到1980年，全球债务危机只有6次，而从1980年到现在债务危机已有两三百次了。债务已经是决定经济波动的主要变量，因为它创造了财务杠杆和经营杠杆，而且我们可以看到它有一个跟人口和资本非常相似的走势。债务增长总是指数级的，然而资源和需求却跟不上，最终的结果就是不断地发生债务危机，影响实体经济的正常发展，影响大账、政治账。如今债务问题已经成为需要我们谨慎处理的问题。

在2018年，我们看到了一种我们从来没见过的现象，那就是债务变成负利率了，这说明债务已经严重过剩。它已经成为一个全球性的问题，就像气候问题、贫富分化问题、战争问题一样，需要全世界共同来解决。

创造信用，也就是创造还款来源，解决的问题是：凭什么借给你钱？从银行信贷管理的角度来说，有三种还款来源：第一还款来源，从宏观来说，就是经营性现金流，对应的是我们的经济增长和我们的杠杆率，也就是债务比GDP。第二还款来源是资产，如果你没有经营性现金流，那你可以用资产作为抵押品，对应的是资产负债率。这两种还款来源都不用多说，复杂的是第三还款来源，也就是既没有经营性现金流，也没有可抵押资产，那就借新还旧。按理来说，贷出方，比如银行基本上不会放贷给第三种来源，但是现在中国有100多万亿元的债务是基于第三还款来源，那是因为我们有强大的国家信用。这种债务的终局是令人担忧的。难道永远就这么让债务总量增长吗？国家的债务、地方政府的债务真的可以不用还吗？

有一种理论思考是，债务能不能像库茨涅茨曲线一样，通过发展来解决？某一阶段债务会很高，但是过了一个点之后，因为债务形成的资产带来了增长，然后慢慢地消化掉债务。这就是库茨涅茨曲线，就像处理污染一样。然而，我们现在看到的债务并不是收敛的。如果你要形成一条库茨涅茨曲线，那么债务必须是收敛的，但是我们谁都能看到现在它是发散的。

2021 年，我同财政部合作写了一个报告，分析了全球六种债务病，我在这里提一下其中的四种。日本病，与我们现在正在发生的很像；拉美病，印钞引发大通胀，这种需要特别注意；欧洲病，就是欧债危机，特别像中国现在的地方债，是地方财政分权与货币集权的结果；美国病，是金融发展过度的结果，而中国现在的问题并不是金融发展过度，而是金融抑制，是金融发展不平衡、不充分。

两次债务危机大爆发，实际上是两次大冲击。为什么我们现在债务这么多了，之前没那么多债务？（之前有谁听说过地方债？没有。）主要是次贷危机和疫情危机导致的结果。

从债务周期上看，次贷危机是一个转折点、冲击点，美联储的表从近 8000 亿美元涨到最高 4 万亿美元，这是多少倍？六倍。新冠疫情后是第二个转折点、冲击点，从 3 万多亿美元一下涨到了 9 万亿美元，这是三倍，它带动全球进入一个债务危机大爆发的阶段。因为美国的商业银行都是私有制，美国没法控制，所以它只能通过美联储来发行货币，就是所谓的放水，然后形成财富效应。所以说美国的需求非常好，因为它的债不用还，就是国家发的钱相当于净财富，相当于资本金，而不是杠杆。

但对我们来说，我们在疫情期间放水是通过商业银行，因为中国的独特之处就是我们商业银行是国有的，而它给你的是杠杆，是必须还的。美国 3 亿人口，在疫情期间为了抗疫发了 4 万多亿美元，接近 30 万亿元人民币。中国只发行了两次特别国债，只发行了 1.7 万亿元。所以说现在债务的情况基本上比各位想的还要严重。

债务的后果是什么？除了债务危机导致的金融不稳定外，还有什么其他的不良影响吗？债务的影响是非常大的，因为最近几年债务主要是国家发的，它可能是国家主义盛行的主要原因之一，这是一个长远的影响。同时它还可能间接带来碳排放过度，导致环境资源透支。

理解债务引发的经济大波动非常重要。我们对债务周期的研究帮助我们躲了很多“雷”。

因为债务危机大爆发，金融环境不同了，巴菲特这样的股神都感到困惑。在债务大爆发之后，传统认为的经典价值投资近乎失效，这都是因为如今跟以前完全不一样的金融环境和投资范式。杠杆和债务经济下，经济非常不稳定，总是大起大落。因为杠杆的湮灭非常可怕，容易引发金融海啸。杠杆的湮灭造成了一种流动性黑洞的状态，比如雷曼事件的时候，人们极度恐慌，有钱也不敢借。

在2020年5月美国发生金融海啸的时候，很多人都问我怎么黄金也跌？美国国债作为避险资产，为什么也大跌？我说，就问你一个问题，你能用黄金补仓吗？不能，你只能把黄金卖出去，把美国国债也卖出去，把最安全的资产卖出去换成现金才能保证你头寸不被清理。这个时候留在手上是非常危险的。

所以说我们对债务周期的研究躲了几个“雷”，因为债务的波动真的非常大。债务危机发生的过程，包括债务通缩期和债务通胀期。我很早就提出了本次债务通缩周期，但是我现在想说，可能一年半或者两年之内，中国会有一个从通缩到通胀的转换过程。因为债务通缩到最后，一定会倒逼央行扩表，而央行扩表很容易导致通胀。

还有，债务膨胀会恶化财富不平等。我发表在《国际金融研究》的一篇论文，用60多个国家40年的面板数据，证明了债务越高，贫富分化差距越大。

# 王雍君

我不太重视具体观点与结论，而是重视底层逻辑。底层逻辑是非常基本的东西。基本的东西弄清了，观点与结论才有可靠性和可信度。

底层逻辑是学界或学者应该去追究的东西。讲句实话，现在我不是很在乎谁提出怎样具体观点，对现实经济情况的判断如何如何，以及有怎样的建议。我认为，如果不去从底层逻辑出发谈论这些东西，得到的观点与结论的可靠性和可信度是需要接受检验的。

如果没有底层逻辑，我们就得当心：自己表达的观点有多少能站得住脚，提出的对策建议是否过于轻率，究竟是治标还是治本呢？我今天不讲具体观点，不讲任何特定问题，我就讲政府债务的底层逻辑。我的基本理念非常简单，底层逻辑就是规律，就是法则。我们的思考和行为一定要从底层逻辑出发，一通百通，底层逻辑通了，所有的问题就都通了。但是如果我们忽视、漠视底层逻辑，直接讨论债务发债空间和债务政策这么重大的问题，我就觉得有点说不清楚了。底层逻辑要先讲，现实要对接上去。这样，才能说清发债空间和债务政策调整优化问题。

今天我就讲政府债务的四个底层逻辑，其实有五个，留一个不讲，大家可以自己去思考。我的中心思想是，发债空间可以很大也可以很小，这取决于对底层逻辑的认知，还有对现状的认知。

第一个底层逻辑是：公债没有真正的债务人！任何一级政府无论发多少债，每个政府成员即官员都不承担道义上和法律上的任何偿债责任，这跟私债是完全不同的。这个非常基本的客观事实背后隐含着重要的制度和政策含义。

私债的债权人和债务人都清清楚楚、明明白白。而公债却不一样，只有实实在在的债权人，没有实实在在的债务人，因为政府只是名义上或法律上的债务人，实际上呢？任何官员个人都没有偿还责任！这是一个客观事实，既然是客观事实，而且是有重要的政策和制度含义的客观事实，那么我们只需要正视它、肯定它，不要故意忽视它、漠视它，然后思考这意味着什么。只有这样，才是应有的态度。对学界或学者而言，这应该是不言而喻的。“正视客观事实”不需要去刻意论证，实事求是用不着去争辩。

只要实事求是地承认公债没有可追究偿债责任意义上的单个债务人，这样我们在制度安排和政策设计上就得提起十二分的精神：政府债务的偿债负担与投资风险是被完全社会化的，这跟私债是完全不同的！“社会化”的意思是完全转嫁给社会承担。从这个角度看，政府债务“易出问题与麻烦”的风险远高于私债。

另外，没有真实债务人意味着任何官员的个人份额是微不足道的。政府官员最终承担的偿债责任，最多也就是全国纳税人的平均水平。什么意思？制定债务决策的是政府官员，但官员实际担责的份额可以忽略不计，造成的代价和风险全部转嫁给社会。

所以我们必须要考虑硬预算约束、硬债务约束，要追问约束在实践时是不是失效。公债比私债的风险高得太多，那么相应的制度安排是什么？应该向私债管理看齐！在私债里面，精明的理财行为对政府的公债来讲是完全合适的。我们没有任何理由去说公债可以脱离私债的基本原理和脱离责任感。说得直白点：公债制度安排与政策设计理应遵从“私债问责”的基本责任原理！我们现在有这个基本意识吗？没有。反而是总谈宏观视角。没有基本意识，空谈什么宏观视角都了无益处。宏观视角，说白了就是凯恩斯主义的那一套，中心观点就是“只要感觉到有需要”，就可以、就应该、就必须去发债！多少有点草率！说荒唐也不为过。凯氏理论的漏洞和负面后果堪称一箩筐！

第二个底层逻辑是：未来资产和跨时逻辑。第一个方面是未来资产。我们都知道资产负债平衡表，一发债，平衡表右边的负债就会增加，左边的资产呢？不过问左边行吗？会有什么后果？基本的平衡表原理都不理会，空谈什么“宏观视角”？资产在未来才能形成，资产和负债因而必须要结合起来统筹考虑，这是一个非常底层的逻辑。国际上有一个著名的黄金法则，规定政府发债借来的钱只能用于投资，所遵从的就是基本的平衡表原理。这个原理隐含着“资产报酬率底线原理”，即整个社会由债务去投资形成的资产报酬率一定要高于债务成本。

如果没有这样的制度安排和政策设计，那么我们基本上就是在打赌。因为有很多资产要若干年以后才能形成，所以没有严格严谨的制度安排和政策设计，发债基本上就是猜测，猜测能够形成优质资产，能够带来足够的回报率。从现在发债的情况看，基本上就是在猜测，说得不好听一点就是在打赌。

预期增长率高于利率是债务收敛的基本原理。我们现在能做到债务期间的经济增长率高于利率吗？这个收敛条件看起来比较宽松，但如果把我们发债的真实资金成本算进去，我们未来的经济增长率不一定会高于利率。我们早就该明白，债务需要收敛，而不是无限放大，就得满足未来经济增长率高于真实利率这个“基本解”，也是“解放”的“解”。

那么这个“解”到底是不是确实存在？我们在赌存在这个“解”。所以我们在这个层面的制度安排应该是什么呢？资产约束机制！我认为我们在这一点上做得并不是那么清晰。

另一个方面叫跨时逻辑。跨时逻辑是指：“债务既是当前也是未来的问题！”千万不要把债务跟税收财政扯在一起。税收财政的本质在于：纳税人当下承受负担，当下享受到的税款用于支出所提供的服务。也就是说，负担和受益都是当下的，或者说是当前财政年度的。相比之下，政府债务是债权人当下支付给政府，但偿债负担和资产形成都在未来。这是非常重要的根本区别，有着重要的制度和政策含义。

跨时逻辑的一层含义是：前任、在任、后任官员是绝对绑定的！什么意思？前任或在任官员决定发债，等于同时“命令”在任或后任官员必须偿债！而且要优先偿债，然后再用于提供服务，就像公司一样，清偿债务是优先于其他事项的，那么我们就需要问一问：这真的合理吗？

对私债而言，假设自己借债、儿女来还，我是不是就可以没有顾忌呢？我可以不去顾忌做出这个决定对后代会造成一种很大的约束吗？同样地，有权决定借债的官员做出借债决定是一回事，是否“有权命令”以后的官员来还必须当作另一回事。我们需要问一问：是谁给你这个权利的？法律上有这个权利吗？说得很清楚吗？如果法律上有这个权利，我们的问责制难道不应该去预防滥用“命令权”吗？

前任或在任官员决定发债而在任或后任官员必须无条件背锅，这基本上就是如今债务的现实。我讲的是现实，我不是主观判断，大家可以对照一下实际世界是不是这样。我们要透过现象看本质，特定观点并不重要，重要的是把本质、把底层逻辑搞清楚。底层逻辑不对，其他还有什么会对？

在任或后任官员必须要偿债优先于其他支出，这也是一项约束。我不是说这个约束一定不对，但也不是说这个约束就一定对。我们要追问的是：合理依据是什么？在哪里？宏观经济形势上“感到有需要”就是依据？对宏观经济指标进行解读虽有必要，也很有用，但把它当发债空间的依据来谈，就得十分当心！

我们应该有限制跨时命令的机制，可我们当前的现实满足这个机制吗？

我们已经把这样的问题提出来了，我们的制度安排保障了吗？我不是反对债务，我一点儿都不反对，我只反对不顾底层逻辑空谈。

跨时逻辑的另一层含义是：当代与后代绑定。未来跟现在同等重要！当代人出资，比如纳税，用于公共服务就会受益，这是当代人的问题。税收财政属于当代人的问题，不涉及跨时逻辑。

如果当代人对政府的出资方式不是纳税，而是把钱借给政府使用，跨时逻辑就出场了。还债和形成资产是一个未来一代人受益的问题，这是跨时逻辑，对不对？那么如果我们幸运的话，30年、50年、100年后还活着，那个时候我们还在承担的就是纳税责任。如果我们不幸走了，我们的后代总会不得不承担我们的决策加给他们的代价，所以不可能不用考虑后代。我们当然可以说，我们会留给后代资产，让他们从我们当代人的债务决策中受益，但这不是问题的关键。

问题的关键在于制度安排和政策设计的可靠性和可信度。不去追溯这个根本问题，对此避而不谈，只是抽象地谈论后代会受益，等于什么都没说。另外，不管你怎样说，在未来，后代都会因为我们当代人的债务决定而承受税负！这是千真万确的！谁都跑不掉！无论期限多长，都会有个清算日！清算日迟早都会到来！羊毛最终出在羊身上！按照马克思的说法，公债就是税收的预征！千真万确！可现在制度安排和政策设计把它“当真”的程度有多高？

有个流行的观点是说，只要再往后延10年、20年、30年，债务问题就消化了。这不是解决问题。这哪叫解决问题？这是对后代不负责任的一个托词。我们凭什么知道20年、30年以后就一定会让后代人受益，如果后代人不受益，反而增加了负担，我们往后延20年、30年，我们到底是解决问题还是制造问题，这个债务后延的说法没有内在逻辑。所以我们现在发债的逻辑应该是什么？一定得有让后代人充分受益的资产，体现我们这代人对后代人的责任，这样，后代人多交点税，也就合情合理，因为当代的借款决定使他们受益了。这是一个互利互惠的交换逻辑，是公共财政理论中著名的受益原则。

记住，我不是说后代一定只承担偿债加诸的税收负担，一定不会受益。我是说，承受税负是必然的，充分受益是或然的！这两者存在严重不对称，所以，秉承对后代福利负责的基本受托责任观，我们得有严谨有力的制度安排和政策设计。一句轻率的“宏观视角”，让我们“感到有发债需要”，理由和逻辑是远远不够的！

我们有认真考虑交换逻辑的制度安排吗？谁考虑了这个逻辑？我们有怎样的制度安排不会加重后代的额外负担？我们的后代在场吗？他们甚至还没有出生，他们更不可能有自己的代表跟我们当代人的代表立约说：“你们别损害我们的利益，你们可得照顾好我们的利益。”我们有这样的机制吗？如果没有，我们遵从的机制是什么呢？所以这个制度安排现在是什么，应该是什么？后代无法派出代表来跟当代签约，正好考验我们将如何对待后代的利益。你总得考虑一点儿，对不对？

第三个底层逻辑是：不可分性。债务是用来形成资产的，资产就有不可分性。比如公路，得有好多配套设施或附属设施，还得有维护运营，通常相当昂贵，并且要提前做出预算和概算。所以现在的发债一定不要把它看成只是发债，它会带出来一大堆东西、一大笔连续不断的未来支出！固定性的资产规模越大、结构越复杂、运营难度越高，带出来的“麻烦和支出”就越多！这些问题我们考虑到了吗？

资产整体上的不可分性显而易见，比如说高铁，就得有铁轨，有铁轨就涉及钢铁产业产能，以及还要配套多少人手。这些东西不应该考虑到吗？只要生产要素有瓶颈，产业、供应链和产能层面的很多供应问题就会立即浮出水面。而且就算你有很大的发债空间，难道不担心通货膨胀吗？此外，还有政府与市场的协同效应问题，是用市场配置机制还是政府配置机制？无论是哪一种配置机制，都需要体现协同。资产的整体性本身意味着需要高度协同，需要一种没有短板的匹配。

公共设施和产业规模达到某个临界点，就会产生重要的外溢性，会对其他产业其他部门产生正面或负面影响，这是不可分性的另一层含义。当然还有互补性。这些问题在真实世界里有很深刻的意义，可是我们很少去考虑这些问题，好像发债空间和政府债务“就是钱的问题”。

第四个底层逻辑是：税负幻觉。我们总是感觉羊毛不会出在自己身上，而是出在别的羊身上。这个就是税负幻觉。它是幻觉，不是真实。真实是这样的：我们每个人迟早都是那只会被剪羊毛的羊。

另一个幻觉是：我们总以为税就是我们当代的负担，好像我们这个债务就不是负担。如果我们能够幸运地再活 20 年、30 年、50 年、100 年，我们假设能活到 100 年，我们是不是也是负担者？如果我们活得没那么长，我们的未来一代是不是就是负担者？我们是可以不顾后代人，因为他们没有出生，因为他们没有在场，因为他们不能发声，因为他们不能制约当代人的决策，他们甚至不能说任何一句话，但是我们就真的可以不顾他们的感受，不顾他们的利益吗？

债务财政是一个典型的幻觉，谁都跑不掉，羊毛是出在羊身上，羊毛是不可能出在猪身上的，只不过是一只未来的可怜的羊而已，无非这样一个游戏。所以我们总是讲有税收之痛，却没有债务之痛，这是幻觉。但是正因为有这样一个幻觉，大家中毒太深，人人都认为事不关己，高高挂起，所以我们的制度安排基本上是这样的：税收财政有制衡作用，而借款财政没有这种制衡作用。这里讲的制衡，是出资人的制衡。纳税人有税收痛感，所以有制衡；而借款财政没有痛感。其实也不是没有，只是因为不确定性，我们假装没有而已！不确定性是指：眼下无人知晓多少羊毛何时会剪到哪些羊身上。正因为这种不确定性，我们假装剪羊毛不会落在自己身上。这是极为奇怪和荒谬的。

我们还要考虑一个底层逻辑，因为时间不够，就不赘述了。但这是一个很关键的逻辑，估计有些人能够想得到。我就讲前面这四个底层逻辑。用这些逻辑去对照制度和政策，至少可以得到一个初步的判断：对债务现实是不是已经足够糟糕的判断。很多专家都讲过一些案例，其实高铁负债也是典型案例。问题不在于案例，而在于那么多而且越来越多的案例背后的底层逻辑，我们太少关注到它们了！而这就是问题所在！

至此我提出雷霆四问。第一问：可以忽视、漠视底层逻辑，空谈“发债空间”吗？第二问：可以不顾现实危机，高谈“发债空间”吗？第三问：可以忽视制度安排与政策设计，独谈“发债空间”吗？第四问：满足底层逻辑和考虑现实的“发债空间”，我们有多大？制度保障又应该是怎样的？

# 贾康

有学者精心准备了很精彩的对政府公债的抨击意见，归结为四项底层逻辑引出的虚幻，即结论为不可取。虽逻辑讲得很清楚，但视野还是落在微观的一般债权债务常识的直接搬用上，然而恰恰以政府为主体的公共部门负债有一个需“捅破窗户纸”说的概念，那就是只要有适当控制，“公债不是债”，甚至再极而言之，哪怕没有适当的控制，最后这个政府垮台了，它也仍然不是债。

应看到如果是适当控制，能把它的余额跟GDP之比总是控制在安全区之内，也不是管理得一塌糊涂的话，那么就可以是不断地借新债还旧债，与滚雪球是一样的——在一个又一个具体跟政府发生债权债务关系的人看来，钱是有去有还的，但从整个社会来说，却是有借无还的。随着这个雪球越滚越大，政府可动用的债务资金量也越来越大。所以，在这个意义上，国债、公债不是债。

再假设万一这个政府最后弄得不可收拾而垮台了，它的公债更不是债，不可能再还了。这是极端而言。当然，我们一定要避免“倒U曲线”最高点过了以后，风险显现速度的突然增加，而且这时曲线向下，是非常陡峭的（借用有的学者的概念，公债作为一种“文明”，这时就完全表现为“文明病”了），这是我们一定要防范的。

所以，我们分析了一般人认识到的债权债务逻辑关系后，就会发现我们往往缺少的是怎么上升到宏观层面去深入考察公债的特殊性。如果最后的命题能落到“发债空间多大”，那么这个命题是正确的，因为没有否定政府发债的必要性，并且符合几乎所有市场经济体的基本现实——接下来就应讨论：认识和量化这个合理发债空间，要有什么样的相关参数？我们在中国的特定情境下，特别在当前的阶段上，亟须掌握好这个既发债，又防范系统性风险而寻求的兴利防弊。

# 谭翊飞

我们在思考什么是债务问题的时候，用一个宏观的大的杠杆率把它包起来之后，这好像就是一个数字问题：杠杆率是多少，是高了是低了？还有企业的债务率，当然大家也谈到过居民的杠杆率，这些都是一些数字。

但我认为，既然我们谈的是债务问题，那么，是债务，它就不只是个经济问题，它还是个法律问题，债权是相对物权而言的，是人和人之间的求偿权。这种债务，它最重要的到底是什么？是数字吗？比如 3% 的赤字率就是不能突破吗？或者地方政府债务 100% 的债务杠杆率就是不能突破吗？我认为，它其实不是一个数量的问题，数字是多少其实并不重要，重要的问题在于，在微观机制上能不能够对债务形成一个法律关系上的约束。

其实从微观层面来说，债务问题不是多少的问题，不是宏观经济中的百分比的数字问题，而更多是一个法律关系的约束问题。

这里面涉及我们不可忽视的一些案例、我们真正面临的一些问题，比如有很多地方挪用各种资金还债，甚至包括社保基金、专项资金、公积金等。中央说地方债务“谁家的孩子谁抱走”，中央说“不兜底”，那地方就得把地方的债务责任给担起来，可担起来的结果就是这样么？地方能做的就是搞一个大资金池，就是像草船借箭，把所有的主体（不管是平台还是国企），都绑在一起，称为“一方有难，八方支援”。

某地2022年救了一家平台，债券市场很高兴，2023年另一家平台出问题也需要救，但省里说，我2022年救了你的一家平台，我2023年不准备再花那么大力气去帮你了。不过底线是你不能违约，如果你敢违约，就像人们说的儿子犯了事父亲不帮，但是儿子要进班房了，父亲还是会去捞的。

这其实就是保“刚兑”，这会导致什么问题？当一家出问题，本来是自己原地爆破，爆破之后不会影响其他人，但是现在只要是一家出了问题，作为政府的最捣蛋的儿子、政府的亲儿子出了问题，欠了10个亿，结果十人桌上所有的人每个人都要借1个亿的钱给它来还债，这个债本身就不应该出现的，结果每个人都欠了1个亿，这就导致了火烧连营，因为你要保“刚兑”，你保“刚兑”的前提就是你在违规地挪用资金，这涉及违法甚至犯罪的问题。

保“刚兑”涉及地方政府这么大规模的完全违背基本财政纪律要求的调拨资金，包括银行参与其中。但上面似乎是睁一只眼，闭一只眼：只要你能兜底不违约，我就不管你，只要你能把债还上，你摆平，就是水平。但中间这么多违法、违规的操作，有没有想过挪用资金是不是会被抓起来？这个问题是根本问题，债务的规模是问题吗？

债务规模大小不是问题，但如果债务人敢挪用社保基金这就是问题了，这就得抓人，为什么我们这么多年建立的财政纪律要求，在保“刚兑”的面前就好像一下子无效了，就好像这些基本的原则我们不需要了。

现在陷入债务泥潭的地方太多了，就是因为一家有问题不爆破，然后去救，救它的时候又把另外一家拖下水，火烧连营，劣币驱除良币。你看某地2023年经济增速目标很低，为什么？因为已经深陷在债务泥潭里。

我们感觉宏观杠杆率过高，就要控制它，但为什么宏观率过高就一定要控制呢？控制的结果就是我们把好的杠杆给去掉了，把民营企业给压得要死，民营企业在债券市场都发不出债了，然而国企的融资成本却很低。

我看最近有人提到说，现在银行抢着给国企央企贷款，利率压得非常低，它转手就可以资金套利。给他 2 个点左右的贷款，它到市场按 4 个点放出，这样自己赚中间差，还要贷款人提供很多资产担保，这种情况其实最后就会把整个经济的效率拖低，最没经济效益的东西获得最大的资源支持，最后必然会把经济拖垮。

# 陈淮

我们面对着很多债务难题，但很多研讨会只集中在债务人如何不还钱，想办法怎么才能不还、少还；或者债权人怎么才能化解风险，才能尽量地多收回来一点等问题上。这些讨论不全面。

这些问题对，但是并不止这些问题。我现在问第一个问题，人们为什么要借债？别以为这是很简单的一个事儿。在农耕文明的时候，是富人把钱借给穷人，农民头上三把刀：苛捐杂税、地租、高利贷。

是黄世仁把钱借给杨白劳，没听说地主找农民借钱的，听说过吗？但我们面对的债务问题是工业化、城市化阶段的问题。在这个阶段，是富人向穷人、工薪阶层、社会大众借钱。得明确，这个阶段的债务不是一种恶。并不是我们既无内债又无外债，就是一种好的经济状态。我们就曾经采取过多积累少消费的战略。不借贷，只会压低人们的生活水平。今天我们知道这并不正确，工业化和城市化过程中一定要负债。负债是一种善。

我们知道铁路不能一公里一公里地修；30 万吨的乙烯、50 万吨的乙烯、300 万吨的乙烯规模都不经济，得 1000 万吨以上。怎么才能一下子把高速铁路修起来？通过股权和债权等方式，通过股市、银行等金融机构和相关的金融产品，把属于千千万万人的资源集中起来，我们才有可能推进用大机器生产的工业化。这是债务存在的第一条客观必然性。不然我们不会有工业化，不会有固定资产的积累、生产能力的扩张、对外开放的竞争力。

第二条客观必然性，大机器生产、市场经济下的广泛分工，带来了分工各方在时间上的错位。张三造酒，李四养羊，王五缝鞋，李四想喝酒，但是张三不想吃羊肉，李四不能用酒去换，怎么办？打一欠条，这就是债。这个债缩短了资源闲置的时间，提高了交易的效率，增加了国民总福利。先给钱后发货，先发货后给钱，是市场广泛分工下一个必然结果，所以说，负债与否和体制的优越性无关，这是一种十分正常合理的客观存在。

第三条客观必然性，城市化下的基础设施建设始终面临一个“先有鸡还是先有蛋”的难题。解决办法就是负债。我们得有足够多的物质基础，才能有工业化，才能实现人们对美好生活的向往，才能有人口从农村向城市的集聚和集中。我们在20世纪50年代、60年代曾把城市都建成了大工厂。在计划经济年代我们并没有真正像样地建设城市。我们现在要补城市化滞后于工业化的课。这就有一个先有鸡还是先有蛋，先造工厂还是先造城市的问题。我们就得有城投债、建设债等这样的债务形式，来弥补这个时间上的错位。先借后还，基础设施完善了，高速公路修了，高铁通了，经济发展了，政府再收回钱来还，最后消除系统性债务。

负债已经成为经济发展过程中平衡总供给和总需求的重要政策手段。1929—1933年的大危机有一个特点，就是什么都卖不出去，是严重的过剩危机，是供大于求的危机。

而2008年世界金融危机和1929—1933年大危机是如出一辙。1929年是工人的工资涨得慢，社会购买力不足。因为工人工资再涨，也不可能赶上机器生产效率一天提高10倍。工资能一天涨10倍吗？不能。所以东西普遍卖不出去。

2008年世界金融危机时，东西是卖出去了，但怎么卖的？从个人、家庭到政府到企业借钱买的，最后钱还不上了。因此，这仍然是总供给大于总需求的失衡危机。宏观经济学调控的就是这种失衡。当初我国就是通过发行特别国债或其他债务的办法来平衡总供给和总需求的，这个道理很长，我就不一一说了。

# 厉克奥博

对于当前中国经济形势的发展判断，我认为存在一些趋势性的、格局性的变化。第一个变化就是跟2023年4月的政治局会议比起来（那时候对我们2023年经济工作的基本判断是认为好于预期，回升向好），2023年7月的基本判断却是称现在为波浪式发展、曲折式前进，这意味着什么？意味着在向好的过程中我们出现了很明显的增速下行，这是中央接受了的判断。

第二个变化是提出一揽子化债方案（我想也不亚于提出来），不提房住不炒了，以及我们的需求和供给出现重大问题。因为原来关于债务的表述都是“坚持谁家的孩子谁抱走，中央不兜底”。这次中央第一次提出来一揽子的发展方案，也强调了核心是城投，因为城投债中显性的我们摸得清，一般债也好，专项债也好，尽管这里有很多问题，比如挪用的问题，但是这个家底摸得清。然而关于隐性负债城投平台到底借了多少钱，我们并不清楚。

我们研究院在疫情期间也做过一个研究，当时我们算出来，层层穿透之后，地方国企给政府提供的融资当时大概是55万亿元，那么也就是说基本上地方政府的总负债相当于一倍的GDP，这个比例我估计在今年也不太会变，只是总量可能超过100多万亿元了。这个规模是多少，需要我们大家保持关注和研究。

第一个推论就是碧桂园今天遇到问题我们必须救，因为跟地方债比起来，甚至跟债务比起来，资产价格的崩溃引起的资产负债表危机对经济长期发展的伤害是大很多的。

第二个推论就是总的来看，中国的负债的情况还没有那么值得担心，主要还是结构性问题。现在中央政府的负债是非常低的，成本是非常低的，然而确实有一些省份的政府，它们的借债利率已经超过了10%，而这种结构性的扭曲问题必须通过一揽子的政策来解决。

同时也要注意到日本和我们国家都是储蓄率非常高的国家，我们也不应该一味地以欧美国家的宏观杠杆率来看待我们这样的高储蓄率国家的债务问题。

在现在这样一个时间点，我们讨论债务问题确实非常有必要。我平时研究宏观问题，我想从宏观上谈谈对债务问题的看法。

第一，现在如果我们把城投债算到政府杠杆的话，地方政府就已经是中国的第一大负债主体，超过了非金融企业部门和居民部门。所以地方政府债务或明确地说，城投债的问题必须引起高度关注。

第二，确实从目前的债务规模来看，以地方政府的财政收入，加上它的国有资产运营的利润是还不起利息的，这是客观事实，所以它必定会借新还旧，甚至借新还旧的比例已经有1/3的省份到了100%了，也就是借到的钱全用来还利息，这是我们必须要迫切关注地方政府债务问题的原因之一。

第三，现在我们的宏观经济增速下行，非常重要的一个原因就是地方政府拖累于财政腾挪资金。他们很多是很发愁的，他们知道自己违规了，但没办法保运行。比如2022年水利发出来的7000亿元的债，很多项目做一个开工仪式就马上把钱拿走了，我得给老师发工资，得给公务员发工资，对吧？但是拿什么发呢？最规范的债都已经如此了，那么其他的城投债确实很有必要摸摸家底。好在我们讨论的共识是非常多的，一是债务不可怕，我们要有合理性；二是从长远来讲需要改革，地方和中央的财权事权一定需要有新的说法；三是结构性确实有很大的问题，国债的利率这么低，地方债的利率却很高。但任何一个城投到目前为止，发行出来的标债又没有违约过，甚至他们拿定融的钱来补标债的利息，那么标债很多到实际市场算下来利率百分之十几，这么高的利率，对吧？其中的操作，可以想象有很大的问题。

结构性很多问题，归根结底中央今天再也不能坐视不管，不能一再地强调，因为道德风险，因为地方有冲动借债的激励，地方的问题就让地方自己解决，反而应该是中央一定要出手，我想这是一个很重要的共识。

# 06

主题六

# 化解债务危机的策略

# 陶然

最近关于地方债务问题出现了很多讨论，针对如何化解地方债务问题，财政部前部长楼继伟近日就说，通过债务置换来解决地方政府的债务问题，会引发道德风险，而且可能会导致地方债务规模越来越大。所以要守住中央坚决不救助的底线，通过债务展期、出售资产等方式来逐步化解风险。

另外一些学者则提出，我们的地方债务问题要通过加大中央置换、中央发债，同时降低利率等措施，而且中央发债进一步加强基础设施建设，但是近日有部分欠发达地区就公开提出来，受制于财力水平有限，化债工作推进异常艰难，仅依靠自身能力已经没有办法解决问题。

一个最新的说法是经济学家辜朝明提出来的，说货币政策没有什么用，中国一定要加大发债，学习日本那样，拉动经济增长。

我想谈一下我个人的观点。就是说从1994年分税制以后，中国经济面临一定的困境，但是后面由于加入WTO，全球化带来了红利，中国经济实现了快速的增长。在这个增长模式下，中国的地方政府利用土地财政和土地金融进行了大规模的基础设施建设，尤其是在2009年国际金融危机之后，我们中央政府和地方政府进行了4次超常规的财政和货币信贷政策刺激，一个比较保守的估计，根据国际货币基金组织的测算，我们的地方债务从

2008年的5万亿元，上升到2021年的80万亿元左右，这是地方的隐性加显性债务；而到了2022年年底，地方显性债（一般债加专项债）大概35万亿元，地方投融资平台59万亿元，总数为94万亿元，因为还有一些非城投国企的负债最后可能也是地方政府债务，所以实际总数可能更高。我们要问一个问题：这么多钱都拿去干什么了？

我把过去十几年称为一个超常规的基础设施建设时期，政府在土地财政基础上加杠杆，大幅推动了土地金融。尤其在2009年以后，东部很多城市扩建原有开发区和新城区，不少原来制造业基础比较差且发展前景有限的中西部三、四线城市也开始大规模建设新城区、工业开发区，这都是在过去十多年多轮次的财政和信贷政策刺激下推动的。比如说我最近到湖南某个县级市，它的负债大概到了1700亿元，长沙南边还有个地级市，负债也达到了5000多亿元。我们不禁要问，如此大规模、超常规的建设，本质上是不是经济发展所需要的？

我们看很多这样的基础设施项目，有一些分包实际上变成了隐性寻租的渠道。中纪委曾经明确指出："近年来，不少省、市、县成立了'城投''交投''水投''文旅投'等地方国有平台公司，在地方经济发展中发挥了重要作用。然而，一些平台公司偏离设立初衷，有的利用政府项目、政策倾斜、资金集中的业主优势，在工程发包中暗箱操作；有的在融资、举债过程中吃回扣、吃利差；有的在土地整理经营上冒用身份低价承包、高价租赁，肥一己之私。"结果是有的县2020年查处的腐败案件70%发生在平台公司。投融资平台公司作为主要承担政府投资项目融资功能的经济实体，成为资金、土地、股权等公共资源相对集中的"富集区"，也是违规融资担保、违规借款、违规举债投资等问题的"高发区"。

超常规、大规模的基础设施建设所带来的后果，尤其是直接后果就是投资尤其是基建投资占国内生产总值中的比重逐年攀升。2002年中国GDP中的基础设施投资占比是8%，2008年就到了13%，2016年接近24%。2002

年中国基础设施投资占比已经是所有发展中国家平均比例的2倍，到2016年提高到将近5倍。

国家统计局的数据表明，2010—2020年，中国基础设施投资总额达到108万亿元，2020年之后的几年可能每年都有十几万亿元投资，但是大多数这样的工程基本上没有什么现金流，最终只能够依靠未来政府的财政收入来偿还。

所以即使这样的基础设施投资有助于实现短期增长，但从中长期来看，必然会带来很多地方政府还不清的债务，也会极大地负向影响经济的长期繁荣和稳定。我们看到，目前很多地方政府还本付息的压力也非常大，地方财政困难重重。过去几年房地产市场的过度调控、房地产市场继续下行，以及三年疫情的影响，对地方化解债务也产生了非常严重的影响。

如果地方政府宽口径的债务大概为90万亿元人民币，平均利息率估计至少4%~5%，可能最近这几年稍微有所下降，这就意味着每年的利息成本至少有3万亿~4万亿元。但地方政府的土地出让金的毛收入，在2020年是8.4万亿元，2021年达到8.7万亿元，这个高点以后，在2022年大幅下降为6.7万亿元。要知道土地出让金只是一个毛收入，要扣除征地和基础设施建设成本，才是土地出让金纯收入。土地出让金的纯收入在最好的年份，基本上也就是毛收入的20%~25%。现在我感觉这一比例应该在10%以下，而且还存在不同地区差异的问题。

现在不少地方，尤其是欠发达地区，土地出让收入大幅度下降，债务存量却相当高，这就更危险。地方土地出让金的纯收入根本不能够覆盖地方债务的利息。据我了解，不少地方政府无论是中西部地区，甚至包括沿海地区，比如山东、江苏的一些地方政府，债务过高，利息根本还不起，甚至连基本运转都出现了问题。

中央政府大概在2015年后进行了一轮债务置换，确实给了地方政府一定的喘息空间，但是并没有遏制地方债务的进一步增加。而且实际上2015

年之后，我们因为经济下滑又进行了两轮刺激，包括2016年大力推动的棚改，以及2020年上半年新冠疫情暴发后的货币宽松，都是由中央政府推动，地方政府积极配合来进行的。

所以从这个意义上来讲，过去十几年地方政府的债务这么快地增加，是中国现有的经济发展模式和地方推动经济增长方式所带来的。经济增速一下滑，地方政府就会对中央施加压力请求放水，政府也习惯性地推动财政货币刺激。以2022年为例，政府通过国家开发银行、中国农业发展银行、中国进出口银行三家政策性银行，设计出“政策性开发性金融工具（基金）”，第一批额度是3000亿元，随后又紧急追加3000亿元以上额度，依然将经济重心放在扩大基础设施建设上。该工具由国家发展改革委主导，央行为三家政策性银行提供PSL（抵押补充货款）和调增发债额度提供等额资金来源，发改委汇总基建项目清单并协调解决项目落地涉及的规划、用地、用海、环评、能耗等问题，使政策性开发性金融工具尽快跟进项目。在不到半年的时间内，两批共7399亿元金融工具支持的2700多个项目全部开工建设，实现了2022年全年基础设施投资增长9.4%，较2021年大幅提高9个百分点。

从2009年开始，经济就出现了“增长承压—加杠杆—杠杆上升过快—以宏观调控及微观干预控制杠杆—增长再度承压—再加杠杆—再控制”的循环往复。在这个过程中，本来应该进行的结构改革很容易被放在一边，甚至在某些领域一旦产能过剩，就挤压民营企业生存空间。

# 卢中原

要不要发债？目前我不太赞成大规模发债，尤其是大规模发行投资刺激性的建设债券。如果需要，我们应该发行的是有助于满足经济结构调整升级和效益提升需求的债券。比如发行一些特别国债，支持某些产业的发展。因为大规模发行建设债券的情况估计有很多人也注意到了，最近这些年这类建设债券的效果不是很好，投资回报率在降低，也就是边际收益率在降低。

而且有人批评说，前些年我们大量发行的建设国债都流到房地产市场去了，所以弄了半天，投资没有拉动需要鼓励的产业，相反流到房地产市场，也没有拉动居民消费这些最终需求。

因此我觉得主张发债的同志要多研究已经发行的建设型基础设施投资债券的效果回报怎么样，如果不理想的话，就不宜再主张大规模发行固定资产投资这样的建设型债券。

与其这样做，不如发行一些特别建设国债。

第一类特别国债的方向是需要扶持的一些短板产业，比如有代表性的市场前景比较好的新兴产业。但是政府投资也不是说直接让这些产业发展速度变得很快，而是为它们创造条件。

第二类特别国债的方向，比如防疫。疫情这三年期间国家发行了防疫特别国债，这是需要的。这种防疫方向的特别国债，支持在疫情三年期间受到过严重损害的有市场活力的民营经济、小微经济。

第三个方向，我觉得投资要有利于改善居民的消费环境。我们现在总说居民的消费动力不足，那么我们在投资的过程当中，改善直接消费、改善消费环境的投资是否足够呢？有人分析说直接为消费服务的这部分投资是远远不够的。因此居民在消费环境不理想的情况下，也没多少消费积极性。

还有一种建议就是如果要发特别国债，也可以考虑直接给居民发钱，发了建设债券不顶用，用这笔钱来给居民发钱，当然这个属于另外一个范畴。

但是我想，与其要发债，不如有指向性地发一些特别国债来支持短板产业，支持有市场前景的产业，支持在疫情当中受损严重的民营经济、小微经济，当然它们是要有市场前景的。发债将来必定要还，将来你就得征更多的税，现在不如考虑发行一些特别国债来支持有利于未来征税的产业，将来你通过大规模征税来还债的负担可能要小一些。

当然更好的是，我们把将来要多征税的负担转到现在去减税，让利于民营经济、小微经济，让这些投资有利于促进居民消费，有利于市场活力形成，有利于能刺激就业的民营经济的发展。最终由民营经济发展、就业增加，带动收入增加，带动我们整个经济的活跃。

关键是减税的刺激作用比政府发债的作用可能更好，因为它更直接面向企业，就像过去我们为了鼓励投资，也有固定资产折旧返还、加速折旧，诸如此类的措施。这有利于企业面向市场去决定投什么和不投什么，所以更有利于市场活力，进而有利于居民收入增加和居民消费。

（本文根据会议发言整理。）

# 赵建

中国现在是什么情况，我们应该怎么办？首先我觉得全球的几种债务病我们看起来很不幸地都染上了。我特别想强调一点，假如说把我们的债务病当作一个病人的病症的话，你要分清楚他这是急病还是慢病。他都有流动性问题了，都跑到急诊了，你还跟他讲要生活规律，要什么饮食健康，我觉得丝毫没有意义。要怎么做？要先给他止血。

我们觉得日本病我们现在已经出现了，因为疫情加速了债务周期。债务危机若爆发，影响将会是非常非常大的。

欧洲病我希望大家认真研究研究。我们两年前跟财政部合作重点研究欧洲病，尤其欧洲病是怎么治理好的。你看现在希腊的债务以及其他“欧猪五国”的债务都已经基本上恢复得差不多了。他们依靠的就是一个强大的财政纪律：不能随便发债，而且要削减预算。当然中间会有个转型阵痛期，包括希腊爆发的游行，以及各种各样的政治地缘冲突，可能其中也有债务的原因。

美国病，也就是金融过度，中国现在还不能说是金融过度了，我们不能拿着数据说中国的金融业增加值都已经多么高，要知道它干的都不是金融，干的是财政。中国现在最严重的问题是金融抑制这个概念，而金融发展的路还是得继续走下去，包括金融市场化改革、金融机构的公司治理等。

一定要防止发生拉美病。拉美病的通胀已经引起了拉美国家的社会动荡。拉美病在中国当下发生是不可能的，因为中国有强大的产业供给能力，拉美国家很多都是资源匮乏的国家，它们没有供给能力，很容易发生通胀。

那么现在，经济增速下行期，贷款好像是发不出去了，让我们看看可以贷给谁？现在企业经营性现金流很差，很难形成信用。所以对银行来讲，好像只能贷给地方平台。2023 年第一季度 80% 银行贷款都贷给平台了，但是平台借钱去干什么了呢？大部分是借新还旧，剩下的就是保基层运营。

举一个例子，现在地方政府招商特别内卷，因为现在经济情况不好，只能通过发债来补贴招商。不仅给你免租金，甚至还给你买好机器设备，通过融资租赁的方式让你用，而且还给你各种各样的配套，这些钱从哪里来？政府发债。

最核心的问题是：谁来为债务负责？是“谁家的孩子谁抱走”，还是中央兜底？

这是我的一个实证研究，就是我们的债务对高质量增长已经是非常显著的负效应——用一个面板数据结合门槛效应估计之后，统计结果非常显著，就是债务已经在抑制高质量增长。

我们应该怎么应对？首先对资产负债表要循序渐进，不能激进。但是对现金流量表一定要快速及时，学习美国 48 小时把一切问题解决。将来怎么办？我觉得还是要运用库茨涅茨曲线，用发展解决发展中的问题。

为什么我们总说去杠杆，反而杠杆率越去越高？因为债务也是经济增长的变量，当你降债务的时候你的经济增长也在降。你降了 1 单位债务，可能会降低 1.5 单位 GDP。所以说越降杠杆，杠杆率越高。那么怎么办？很简单，就是经济增长速度要追上债务增长速度。但是很遗憾，我们现在的债务利息率都不能像美国和日本那样降到 0，我们还有很多的工作要做。

# 潘向东

地方政府负债，中央政府当然要管，毕竟咱们是共和制国家，地方政府是中央政府的派出机构，这不像联邦制国家。用企业来形容估计更清晰，就是地方政府是“分公司”，而不是“子公司”，人事权和财权等并不具备独立性。但问题是地方政府的隐性债务，很多负债是通过对国有企业的违规担保形成的，负债的主体是地方国企。

假如一些地方在面临巨大的负债压力的时候，通过破产重整处理一两家这样的国企，就像当年处理广州国际信托一样，也不是不可以，但问题是随后是否会引起投资者抛弃整个地方政府隐性债务，从而引发债务危机爆发，我们不得而知。

因为，一旦投资者的评价体系被改变之后，就很难预料他们的金融行为。

目前，因为地方政府的隐性债务不是光明正大的负债，所以成本都相对高（前些年，高的时候甚至都达到 7%～10%），如此高的成本，在土地财政遇阻的时候，肯定付息会比较麻烦，就更别说还债了。

目前，一些地方是采用处置一些国有资产等方式来缓解。前阵子还听说，有些地方采用的做法是，让公务员低息从银行借钱，然后去买有地方政府担保的利息相对高的债。这种做法，只能说是能喘口气。利息那么高，又缺乏土地财政的支持，迟早难以为继。

所以，一旦地方政府债务出现风险苗头，就应该考虑置换成为政府的显性债务，降低负债成本。

当然，我们也可以考虑借鉴20世纪90年代为处理银行不良资产成立的四大资产管理公司的经验，成立债务管理公司，把地方的隐性债务和对应的资产同步剥离，由债务管理公司统一发行低息长期债券来对这些隐性债务进行置换。

现在中央还没有去处理这些令市场特别担心的地方债务，而是让地方自己寻找解决途径，前提是不能出现债务危机。估计现在地方政府的神经都绷得紧紧的，都不愿成为第一个风险暴露者，一旦暴露，担心很有可能会成为“猴子们”围观的那只被杀的“鸡”。

中央去兜底地方债务最大的风险是道德风险。假若最后中央兜底了，那相当于鼓励以前违规举债大搞发展的地方。由此带来的隐患是，以后各地方会更不计成本、不计后果地竞相扩张资产负债表，而且市场中金融机构也都会追逐，因为有中央政府的担保。

还有就是经济运行还没有达到要选择这一宏观政策的程度，宏观政策还有很多操作相对简单的可选项，例如降息降准、发行特别国债、消费刺激政策、房地产市场激活政策等。

至于发特别国债是通过发放消费券的方式刺激消费，还是加大基础设施投资的方式，大家都在争论，而这其实跟经济信仰有关。

但假若说我们基础设施比较完备，我还是不赞同的，看看城市堵车、城市夏季大雨时的排水，就知道我们的基础设施投资的空间仍然不小，更别说新基建了。

我觉得，解决债务最好的办法就是加快经济发展。

记得20世纪90年代，有一个县级市，当年的财政收入不足1亿元，为了解决当时交通落后的问题，举债5000万元修建通往省城的高速公路，当时很多人都觉得政府疯了，但现在这一县级市的财政收入突破了100亿元，回过头来看，那点负债又算得了什么。

至于发债带来的道德风险，属于微观层面的事情，不属于宏观的范畴。

# 钟正生

置换化债是指通过地方债置换隐性债务，使隐性债务显性化从而纳入地方政府预算管理。2023 年 1 月 7 日，时任中国人民银行和银保监会党委书记的郭树清就“金融服务实体经济，防范化解金融风险”接受媒体采访时，讲道：“积极配合化解地方政府隐性债务风险，督促金融机构增强风险管理能力，有序开展地方政府债务置换，推动优化债务期限结构，降低利率负担。”这使得市场对新一轮地方政府债务置换寄予期待，尤其在当前城投融资环境收紧和债务风险上升的环境下，可以说是投资者与发行人共同的愿望。

自新《预算法》实施后，我国开启了对隐性债务连续三轮的地方债置换（2015—2018 年、2019 年、2020—2022 年），置换金额分别为 12 万亿元、1579 亿元、11170 亿元。在第一轮大规模置换前的 2011—2013 年，审计署对地方政府债务进行了两轮全面审计，说明至少从 2011 年开始中央就已经在高度关注城投债务隐性化、融资成本高等风险，这是第一轮债务置换的背景。由于第一轮化债期间城投平台仍违规举债形成了一批新增隐债，2018 年 8 月，《中共中央国务院关于防范化解地方政府隐性债务风险的意见》中要求地方政府在 5～10 年内化解隐性债务，这是第二轮置换开始的背景。第三轮置换则是进一步延续了因疫情暂停的化债工作和方针。与第一轮全国范围大面积开展置换不同，第二轮和第三轮置换化债分别针对“弱资质区域”以及“弱资质＋隐债清零试点区域”，缓解了部分地区的隐性债务风险。我们认为，化债的最终目标是为了化解隐债风险，而非一定要降低政府部门杠杆率或债务规模（我国隐债总体风险尚在可控范围内）。

我们认为，当前开展新一轮大规模债务置换的必要性不强。若要开启置换化债，大概率会是利用地方债限额的剩余空间定向扶持弱资质区域，通过扩容建制县隐债化解试点以及限额回收再分配的形式，具体数额量级可比照前两轮，估计不超1万亿元。截至2022年年末，我国地方政府债务限额和余额差为2.6万亿元。不过，近年来中央已多次表示“中央不救助”和“谁家的孩子谁抱走”的原则，开启新一轮置换化债有待决策层再商榷，因此接下来我们将重点梳理置换化债以外的方案。

早在2018年，财政部《地方全口径债务清查统计填报说明》第十五条“债务化解计划”中，就提出了六种隐性债务化解的方式：安排年度预算资金、盘活财政存量结余资金偿还；出让政府股权以及经营性国有资产权益偿还；利用项目结转资金、经营收入偿还；将具有稳定现金流的债务转化为企业经营性债务；由企事业单位协商金融机构通过借新还旧、展期偿还；破产重整或清算。近年来各地也在积极尝试各种化债探索。我们以财政部提出的六种化债方式为出发点，梳理了过去地方对于化解隐性债务的探索，同时也涵盖了另外一些有过成功案例的“遏增化存”方式。

（1）财政资金偿还。通过年度预算资金、盘活财政存量资金等形式偿付隐性债务，可以直接减少隐性债务规模。建立偿债备付金制度也属于这种模式。特征：此方案操作性强，不少地区的化债方案都采取了这种方式，但由于各地能用于化债的预算财政资金比较有限，而存量隐性债务规模较大，因此化债还需要综合采用其他方式。案例：2022年长春市对政府负有偿还责任的债务足额安排还本付息资金，同时研究建立偿债备付金和债务风险防范基金，打造偿债基金的“蓄水池”和债务风险的“防火墙”。

（2）出让政府股权以及经营性国有资产权益偿还。通过出让政府股权以及经营性国有资产权益，为政府筹措资金偿还债务。特征：时间上具有较大不确定性，资产处置难度较大，现金回流与债务资金较难匹配，因此，真正采用这种方式化债的地区较少。案例：贵州茅台通过无偿划转的方式，向贵州国资公司划转部分股票，贵州国资公司再变现以偿还债务；茅台集团申请发行公司债，用于收购贵州省国资委全资持有的贵州高速公路集团有限公司股权并消化其债务。

（3）利用项目结转资金、经营收入偿还。利用项目结转资金和经营收入偿还债务，实质上是要求城投平台公司利用现有项目现金流逐渐偿还债务。特征：平台公司承担政府公益性项目建设，其项目收益水平本就不高，且项目现金流期限较长，与平台公司债务或非标债务的期限并不匹配。因此，这不是隐性债务化解的主要方式，在已经公布的各地化债方案中也较少出现。案例：江苏瀚瑞投资控股有限公司为镇江市的主要城投平台，钢研昊普技术中心厂房建设项目是其旗下的瀚瑞建设2020年上半年完成的第一个自主全程施工的厂房建设工程项目。瀚瑞控股积极对接市场、聚焦主业，承接了有现金流的项目来提升自身的盈利能力。

（4）合规转化为企业经营性债务。将具有稳定现金流的债务合规转化为企业经营性债务，政府不再承担还本付息责任，可以直接起到降低隐性债务规模的作用，是市场化化债路径。特征：对债务对应的资产有较高要求，一般还会涉及债务重组和政府注资，操作难度高，可能需聘请专业机构辅助实施。案例：2017年山西省交通厅整合62条政府还贷高速公路、10户路桥企业、厅直2户科研企业、省高管局3户直属企业和省国资委管理的路桥集团、交通投资集团、高速集团，组建了山西交通控股集团有限公司。此后，山西交控集团成为山西省高速公路债务主体，负责化解山西高速公路相关隐性债务。

（5）借新还旧、展期等方式偿还。金融机构介入，通过债务重组（展期或降成本）、借新还旧等途径偿还债务。特征：这类方式是解决期限匹配问题的重要前提，其本质是“时间换空间”，可以化解短期债务到期无法偿还带来的风险。案例：2022年12月30日，根据贵州遵义最大城投集团——遵义道桥公告，其与各家银行类金融机构就155.94亿元银行贷款重组达成一致，并完成签署相关补充协议。根据协议，重组后银行贷款将展期至20年，利率调整为3.0%~4.5%，前10年仅付息不还本，后10年分期还本，降低了债务利息成本，缓解了资金周转压力。

（6）破产重整或清算。对没有持续经营和偿债能力的城投平台进行破产重整，并按照《公司法》等法律法规进行清算，以化解相应的债务。特征：这是一种不得已的化债选择，实施起来难度较大，处理不好，将对地方政府信用产生较大影响。在已经公布的各地化债方案中，鲜有采用此种方式。目前还没有看到真正意义上的城投破产重整或清算案例，但有一些城投子公司的破产案例。案例：2020年10月，关于“18沈公用PPN001”未能按期足额支付本息，因发行人于2020年10月23日收到沈阳市中级人民法院送达的破产裁定，根据《破产法》第46条规定，“未到期的债权，在破产申请受理时视为到期，附利息的债权自破产申请之日起停止计息”。18沈公用PPN001已于2020年10月23日提前到期并停止计息，发行人未能按期足额偿付本息，最后该只债券由担保公司代偿。

（7）城投整合。将区域内已经存在的旧的城投平台划到新的平台中，或直接选取一家较大的平台，将其他较小平台的股权划转至该企业，通过成立新平台来规避融资限制、提升评级或降低融资成本。特征：合并规模增长以后，可以为下辖的子公司提供融资担保，提升区域的融资能力，但在具体整合过程中存在较多机制和磨合问题。案例：2017年，济南进行市级平台整合，新组建济南城市投资集团有限公司、济南城市建设集团有限公司，保留济南产业发展投资集团有限公司、济南轨道交通集团有限公司，成立济南金融控股集团有限公司、济南文旅发展集团有限公司，形成六大集团，同时将全市28个市直部门所属的188家企业纳入整合的投融资平台。

（8）城投转型。城投公司通过市场化转型，提升盈利能力，形成稳定的经营性现金流，分担财政偿债压力。特征：城投转型很难一蹴而就，需要自上而下的统筹协调和推进改革。城投公司要通过给存量资产负债做减法解决短期的生存问题，通过公共物品进入市场来提升长期的造血能力，并建立现代化运营体系。目前转型成功的模式主要包括产业孵化 + 基金投资、产业园开发运营 + 带动周边地价及公用事业综合服务。案例：合肥建投作为合肥市属城投公司，投资布局显示产业链、大规模集成电路、新能源汽车等多个战略新兴产业，先后设立了合肥芯屏产业投资基金、合肥建琪城市建设发展基金等，并直接投资蔚来汽车等公司。苏州工业园区国有资本投资运营控股有限公司既进行土地开发，又提供物业出租业务，为园区内企业提供商业用房、工业厂房、人才公寓的出租，并负责运营园区内的公用事业，如水务、供热发电等。园区产业的发展繁荣促进了当地财税收入的增长，人口引入和配套的完善又有助于土地出让价格增长，形成良性循环。上海城投则在所在区域的公用事业领域具有较强的垄断性，通过水务、环境等公用事业业务获取稳定的收入和现金流。

（9）成立企业信用保障基金。信用保障基金是指由政府、实体企业或金融机构出资成立，以向企业提供信用担保、短资金周转等信用保障服务为目的的基金，用以缓解基本面长期向好的国有企业所面临的短期流动性压力，促进区域信用市场稳定。特征：信用保障基金在国内还处在探索阶段，应当坚持不盲目刚性兑付，通过专业机构的运营管理探索多样化的发展运营模式，建立信用保障基金长效机制。案例：2021 年兰州市国有企业信用保障基金成立，基金规模为 100 亿元，首期 30 亿元。基金专项投资于兰州市属国有企业发行的各类债券，主要用于化解债务风险和增信。

（10）资产管理公司介入化债。目前银行端存在大量对政府端的债务敞口，资产管理公司介入银行化债，能以相对市场化的方式剥离金融机构相关债权，缓释风险。特征：目前资产管理公司已通过债权收购、债务重组、债转股、资产证券化等多种形式参与地方债务化解工作。但部分资产管理公司由于资产质量或资本充足率受限，尤其部分地方资产管理公司体量较小，难以给予地方平台较大流动性支持。另外，优质的地方债务风险化解项目数量相对有限，资产管理公司参与的很多风险化解项目很难带来丰厚的利润回报，所以资产管理公司在选择项目时也会相对谨慎，使得整体上资产管理公司直接参与地方债务化解的空间受限。此外，资产管理公司模式还需要兼顾国有资产等监管尺度。案例：2023 年 5 月中国信达与山东省地方金融监管局对接，称将凭借公司专业能力，组建服务山东金融专家团，重点围绕风险化解、服务实体经济、国企改革等领域展开合作。7 月，威海市与中国信达山东省分公司、金谷信托签署战略合作协议，将在加强产城融合建设、推动基础设施提质，以及化解融资及政府债务风险等领域开展广泛合作。

综上所述，除了地方债置换，以往地方化债主要通过金融机构介入、国有企业提供支持、城投平台市场化整合和转型、财政直接偿还等形式来实现按期偿还债务、降成本、优期限或隐债显性化。但 2014 年以来的隐债清零之路也反映出一些问题需要反思与重视：

（1）在严控增量上，一定要遏制道德风险问题。隐性债务能够持续扩张主要是因为地方政府缺乏建设资金，以及金融机构认为中央政府会最终兜底，从而助推违规发放贷款和发债等。这是 2014 年开始化解隐债至今地方政府仍在违规举债的原因，也是中央政府本轮不救助的战略定力的针对点所在。因此，必须要真正打破政府兜底幻觉，严格执行城投平台项目审核，建立地方相关领导干部的问责机制。还可以改进地方政府绩效考核机制，使得地方债务率与经济增长挂钩，财政状况较好则多举债、财政状况较弱则少举债等。

（2）要加快推动城投平台转型，从根本上防新增。对主要承担公益性项目融资功能、依靠财政性资金偿还债务的“空壳类”融资平台公司，应在妥善处置存量债务、资产和人员等基础上，依法清理注销；对兼有政府融资和公益性项目建设运营职能的“复合类”融资平台公司，剥离其政府融资功能，通过兼并重组等方式整合同类业务，推动融资平台公司转型为市场化运作的公益类国有企业；对具有相关专业资质、市场竞争性较强、规模较大、管理规范的“市场类”融资平台公司，在妥善处置存量债务的基础上，支持其转型为商业类国有企业。

（3）地方政府似乎一直没有摆脱缺钱的困扰。应该加快改革中央地方关系，让地方政府获得更多的财权，例如可考虑调高地方政府增值税、消费税等税收分享比例等。同时，可考虑扩大中央政府支付的范围，当前处在经济复苏和经济发展高质量转型关键期，财政支出需求大，中央政府可统筹承担更多的社保和民生等公共支出责任。

（4）由于区域经济发展和财力分布不均，应加强对区县城投平台和财政运行情况的实时监控和跟踪。“早预防、早发现、早处置”，守牢不发生系统性风险的底线。当前，城投债券加权票面利率超过5%的省份有11个，信用利差中位数超过200基点的省份有8个，主要分布在天津、东北、内蒙古等地区。而与此同时，各省份地方政府债券平均票面利率均稳定分布在3.2%~3.4%。

（5）隐债化解道阻且长，需要持续的较低利率货币环境提供保障。在隐债化解降成本的过程中，金融机构承担着重要的经济和社会责任，低利率的环境有利于降低金融机构、地方财政及国企化解风险的成本，有利于降低处置风险。

我们认为，“谁家的孩子谁抱走”意在明确，以省级为单位统筹化解省级区域内隐性债务，包括统筹金融资源、对市县主体承担更强的化债兜底责任等。《国务院关于2022年中央决算的报告》中提到，要“督促省级政府加大对市县工作力度，立足自身努力，统筹资金资产资源和各类政策措施稳妥化解隐性债务存量，逐步降低风险水平”。因此，对地方政府来说，化债最优的总体思路应为以省为单位积极调动省内金融企业、国有企业等资源，结合本区域特点、多措并举，同时推进城投平台市场化整合和转型。化债实在困难的尾部区域可以在不发生系统性金融风险的前提下，去争取中央的支持，可能会涉及降成本、永续性质的展期或直接救助等。比如，2016年

《国务院办公厅关于印发地方政府性债务风险应急处置预案的通知》中明确，Ⅰ级债务风险事件的升级应对措施中，省级政府偿还到期地方政府债券本息有困难的，国务院可以对其提前调度部分国库资金周转，事后扣回。必要时国务院可以成立工作组进驻风险地区，予以指导和组织协调。

对财政政策来说，当经济处于复苏或繁荣阶段，可以适度通过控制政府债务扩张的速度，促进存量债务风险化解。但当经济处于衰退阶段时，总需求不足，应适度推动地方政府加杠杆，稳定经济，如此财政才具有可持续性，避免陷入“经济增速下行—财政收入下降—债务风险加大—收紧债务—经济增速进一步下行”的负反馈。

当前我国最适合加杠杆的是政府部门。但地方政府债务风险体现了长期以来我国政府债务结构不合理的问题。我国中央政府杠杆率偏低，而地方政府杠杆率明显偏高，因此总体融资成本偏高。2022 年年底我国中央政府杠杆率是 21.4%，地方政府杠杆率是 29%，政府部门杠杆率为 50.4%，政府部门广义（含隐债）杠杆率为 92.7%。我国中央政府杠杆率相对于发达国家明显偏低，而近五年我国地方债规模基本以每年 3 倍于 GDP 增速在增长，政府部门债务中地方债占比过大。对政府来说，利息支出不像本金可以借新还旧，需要真金白银支出，会在很大程度上影响地方政府的现金流。我们测算了一下，若全部城投债务转化为地方一般债，地方政府可节省近 19% 的利息支出，若进一步全部转化为中央政府债，则可以进一步节省约 1/5 的利息支出。如此可以在很大程度上抵消土地出让收入下降带来的影响，更为重要的是政府部门债务结构将得到优化。所以一些专家学者建议中央政府“兜底”地方债。

2023 年以来，随着地方政府化债难度加大，是否需要中央政府出手直接救助地方债成为市场热议的话题。厦门大学赵燕菁支持中央直接救助，认为应该“仿效当年剥离银行坏账，发行低息特别国债接手地方政府高息商业债务及其对应的资产”；清华大学李稻葵则建议，应该“开启地方债重组，类似于 20 年前国有商业银行的债务重组，大的方向是要给地方政府建立新的规矩，以后发债必须通过一定的程序，同时可以把相当大一部分的地方债转到中央来，大大降低融资成本，让地方政府更加专心维护经济发展、社会稳定”。财政部前部长楼继伟不支持中央直接救助，认为应该“通过债务置换化解地方政府债务风险会引发道德风险，会导致地方政府债务规模越来越大，要守住中央坚决不救的底线，通过债务展期、出售资产等方式逐步化解风险”，同时他还建议“增加财政赤字，尤其是中央赤字，大部分用于对中小微企业房租、水电、利息等阶段性补贴”。可见，不建议中央直接救助的原因主要是希望逐渐恢复地方政府的造血能力，让其能够在增长中化债，而救助的目的是让地方政府轻装上阵发展经济，认为“以时间也未必换得来空间”。但两者共性在于，均支持中央政府加杠杆。只是在是否需要通过债务置换的方式解决地方隐性债务的问题上看法不同，关键还是在于担忧直接救助会引发道德风险。

在关于中央政府是否需要加杠杆的问题上，我们的观点是需要加。在是否要用于置换地方债或是支持债务置换化债的问题上，我们认为可以酌情考虑。保证债务的利率低于本地经济增速非常重要，这样也能够促进中长期债务水平的自然下降，从而提高地方政府债务的可持续性，而合理可持续的债务水平将有助于撬动更高的 GDP 增速水平。

近期由于我国低通胀和内需不足的现象，以及地方政府债务等局部风险加剧的不利环境，市场对财政赤字货币化的讨论再起，即是否需要通过中央政府发债带动内需恢复。最极端的情况是财政发债、央行买债，直接投放流动性贡献于财政政策扩张。在我国目前的法律框架下，是不允许直接向央行发债的。而关于间接向中央银行发债，《中国人民银行法》第二十三条规定：“中国人民银行为执行货币政策，可以运用下列货币政策工具：……（五）在公开市场上买卖国债、其他政府债券和金融债券及外汇。”换句话说，财政部先向私人部门发国债，然后中央银行买入私人部门持有的国债。

财政赤字货币化的两大不利因素是：一方面中央银行要实现币值稳定目标，需要以市场化方式对银行体系的货币创造行为进行调控，但其前提是中央银行能够保持资产负债表的健康可持续。为此必须实行独立的中央银行财务预算管理制度，在财政和中央银行两个“钱袋子”之间建起“防火墙”。同时要防止中央银行资产负债表直接承担企业信用风险、最终影响一国货币的主权信用。另一方面，一旦太过轻易突破赤字率上限，政府就较难抵御“开动印钞机”的诱惑，容易引发高通胀。对此，现代货币理论给出了一些回旋空间：在未实现充分就业的前提下，也就是经济中还有闲置资源的情况下，不过度地货币超发、正确举债和财政扩张不会引发高通胀，即便有高通胀也可以轻松通过财政紧缩来解决（参考报告《现代货币理论再反思》）。

我们认为，从两大不利因素出发，可以认为在常年贸易顺差（有助于币值稳定）、总需求不足、低通胀的情形下，我国债务可持续性整体上较强，因而可以考虑通过类财政赤字货币化来提振经济，后续只要在经济复苏走上平稳可持续轨道时适时退出，就应能避免通货膨胀或本币信用危机。但是，赤字货币化终究无法代替结构性改革，且目前尚未到不得已的地步。

不过，国际上有一些相关施行赤字货币化的例子可作讨论和借鉴：

（1）次贷危机后日本的赤字货币化。2008 年后主要发达经济体政府债务率显著攀升，美、欧、日经济体长期保持着“三低一高”（低通胀、低增长、低利率、高债务）的局面，财政的自我约束逐渐放松，但通胀率整体上仍低于 2% 的目标水平。其中以日本最为典型，日本在 20 世纪 90 年代初就采取了“财政刺激 + 发行国债 + 央行买单”的政策组合，2008 年次贷危机后成为实施量化宽松（QE）的先驱，“安倍经济学”更是具有强烈的现代货币理论色彩，但日本的通胀水平一直较欧美更低。我们认为这与我们提到的两大因素有关，相对其他国家，日本国际收支更健康、通胀更低、利率更低，因此债务可持续性较强，较适用于现代货币理论的情境。

（2）疫情后发达经济体的赤字货币化。2020 年后发达经济体普遍采取“零利率 + 量化宽松 + 财政大幅扩张”的组合，政府债务率、赤字率一度创下 20 世纪 60 年代以来最高水平。此后带来的高通胀问题也十分严峻：

2021年以来，大多数发达经济体CPI通胀率已经持续两年多高于目标水平2%，且上涨幅度为20世纪80年代以来最高，其中美国通胀率最高超过9%，英国和欧元区更达到两位数，即便是长期低通胀的日本其通胀率也一度超过4%。普遍的高通胀有悖于现代货币理论的推演。这轮高通胀是疫情下全球供应链受阻、俄乌冲突下能源价格飙涨，以及美、欧、日比以往更大力度的财政和货币扩张共同作用造成的。现代货币理论或许缺少对财政扩张下供给冲击引发高通胀的讨论。

2023年7月底中央政治局会议“制定实施一揽子化债方案”的新提法备受市场关注，“防风险”的政策高度进一步提升。基于前文分析，我们给出以下关于“一揽子化债方案”的猜想，其中包含了已有政策倾向的方面，也包含了我们认为具有可行性和必要性的思路。

短期来看，金融机构、地方政府、中央政府这三方中，金融机构或许会是这轮化债的主力。不过当前化债压力大、任务重，协调金融资源和国企资源、利用已有限额进行置换、推进隐债显性化和城投转型，以及中央政府加杠杆，这些措施需同时发力：

（1）进一步协助地方争取政策性银行、国有银行等金融资源。事实上，中央在2023年6月便开始推进处理地方债务问题，近期陆续已有一些国有大银行和地方政府签订协议，承诺为当地化债提供金融支持。此外，城商行和农商行由于与地方政府往来更为密切，其化债能动性可能更高。而政策性银行本身就承担着很多基建、乡村振兴等领域的项目投资，在债务置换和重组方面的可操作性最高。8月1日，央行、外管局在2023年下半年工作会议中要求“统筹协调金融支持地方债务风险化解工作”，后续或将有更多金融机构助力化债的动作。这也意味着，下半年央行可能会继续推动政策利率下行，为化债提供适宜的货币环境。

（2）协助地方进行资源调配、盘活国有资产。理论上，偿还地方债可以通过变现部分政府资产来筹集资金，或是争取相关优质国企的股权划转和资金支持，这部分可争取的资金空间较大。但实际上，负责相关事务的部门在推进以及具体实施上存在一定困难，可以成立专项组协助、协调打通相关信息与解决问题的通道。此前云南白药化债和贵州茅台化债就是此类经典案例，后续省属控股优质国企多的区域可以重点考虑此方案。

（3）在已有地方债限额里批准发行一批新的再融资专项债用于借新还旧，推动弱资质平台债务置换。中央可能会根据不同地区财力和债务压力确定一批新的建制化县试点，并将试点范围从县区扩大至市一级，大概率会涉及地方债限额回收再分配。2023年年初以来，广西、贵州、四川、青海、云南等地已在积极申请争取化债试点，并且玉林市、岳阳市等作为市级单位也在积极申请化债试点。需要注意的是，以往实践证明，置换债务最需要遏制道德风险，实施过程需要严格建立各级问责机制，打消新增隐债的念头。

（4）省级统筹，要有效督促各地化债进展，并加强对区县城投平台和财政运行情况的实时监控和跟踪。还可以考虑让化债进度和地方政府绩效考核挂钩，以此提高各省化债积极性。

从中期来看，化解隐债、降低政府部门融资成本、优化政府部门融资结构是完成化债任务的关键：

（1）尽量推进不符合要求的城投平台市场化转型、符合要求的城投平台隐债显性化，可以更进一步利用限额化债的思路，可以把地方债的“前门”开得更大一些。我们在前文强调过，化解隐债的目的是化解无序扩张的隐债风险、降低政府融资成本，而不是一定要降低政府杠杆率，或降低预算内政府债务的规模。我们认为，从当前中国国情来说，政府债务本身是可持续的。极端情形下，若把全部隐性有息债务变成地方政府一般债的话，预计可以节省地方政府利息支出近20%。如此可以在很大程度上缓解地方政府的财政困境，也可以促进形成政府低息举债的良性循环。

（2）特别国债具有专款专用、用途灵活、不列入财政赤字、即收即支等特点，可以考虑适时发行1万亿元左右特别国债，用于可提振经济的项目，缓解地方债务压力。不过，发行特别国债意味着出现特别情形，可能会对市场信心有一定影响，具体实施可能性较以上方案更小。不过，在“特事特办”之下，市场对地方政府债务化解和中国经济复苏前景持更积极的看法也是可能的，需要进一步讨论和权衡。2023 年我国新增的 5100 亿元财政赤字，几乎全部由中央发债承担，地方财政赤字与 2022 年相比未明显增加。这也许是中央为了缓解地方财政压力、意图扩大本级债务的信号。若把隐债化解工作放在近 5 年的时间内考虑，可以在年度预算新增赤字时，持续提高国债占比，推动完成隐债清零任务。

从长期来看，体制机制和结构改革势在必行，是遏止地方新增隐性债务的根本：

（1）当前公共预算支出中 80% 以上是地方政府支出，因为分税制改革主要是对于收入端的改革，导致长期以来中央财权过大，地方财权过小且事权过大的局面。需要适应宏观财政的新形势，逐步推动政府间财政体制改革，提高中央政府支出在公共预算支出中的占比，适当逐渐上收部分地方政府的事权，调高地方政府税收尤其是增值税和消费税的分享比例等。关于近年来热议的房地产税，一旦推出，可能形成地方政府稳定的收入来源，但目前来看，房地产仍在调整过程中，对于何时推出房地产税，中央可能会有更多的通盘考量。

（2）地方政府债务风险加剧与经济增速下行压力有“一体两面”的关系。有必要进一步推动我国经济结构转型优化，推动投资驱动型经济向消费驱动型经济转变，激发中国经济新动能。有活力的经济才能够显著提高地方政府收入，使其在增长中化债。近期市场热议“股权财政”是否可以代替“土地财政”，即通过国有资产的有效利用，获取更多和更高质量的收入来源，从而为地方政府增收，例如可以借鉴合肥模式大力引导设立政府投资基金等。不过，“股权财政”的本质是盘活国有资产，而我国央企实力明显大于地方国企，且有实力的地方国企以及投资标的存在地域差异明显的特征，这或许是“股权财政”在全国范围内推广的一个挑战。

# 谭朔飞

我们当前在讨论的债务问题到底是什么问题？大家好像最后都归结到“要不要发债”，而且大多数都好像支持发债，因为我们的经济不行了，我们要发债稳定增长。而这是过去的传统办法。

但问题是我们现在讨论债务问题，有人说它是宏观上的指标，有人说它是微观上的基本责任。而根本原因就是我们其实把债务当成了稳增长的工具，就像我们原来把房地产比喻成夜壶，经济不好的时候，就把房地产拿出来，债务也是一样，它也是个夜壶。我们没有微观对债务的约束，只是宏观上给它套了一个笼头，而现在好像是笼头都不要了。

回顾过去十年的稳增长历程，“4 万亿”计划之后，从“三期叠加”的判断，到新常态，到 L 型，然后疫情冲击，再到现在。从 2014 年开始，我们的铁路、水利和棚改三板斧，一直持续到 2020 年左右，青黄不接。其中我们将房地产这个夜壶拿了出来。为了应对疫情冲击，我们发特别国债，把过去的专项建设基金换一个名字重新启用了。

我们这种连年不断的稳增长太累了。这样高强度的稳增长的原因是什么？

第一，如果我们不发债、不稳增长，我们的经济就会出现危机，就会进入停滞的 20 年，这是倒逼，因为有危机，所以我们要发债稳增长。第二，如果我们不发债，我们2035年的目标就实现不了，我们的GDP就翻不了番。第三，我们要超美，因为我们GDP要达到美国80%以上，美国才不可能打压我们，所以我们要发债拉经济。

但问题是，发完债后，对应的项目谁来控制？专项债那么多项目跟收益不匹配的问题谁来解决？挪用专项债的问题怎么解决？对于政策性开发性金融工具，媒体报道说它的效率有多高，可能三天甚至一天就把项目审了，这种“效率”值得宣传吗？因为你需要做风险控制，你需要做可行性评估，三天就可以做完吗？

但是我们为了稳增长，这些问题债权人不管，债务人也不管，反正往下发，反正中央定指标，地方闭着眼睛就放项目。很多非常好的项目，真的是缺钱吗？还是说这些项目因为体制机制性的问题而受阻？

比如老旧小区改造面临的问题是什么？我们的地下管廊涉及十几个部门，甚至可能十几个盖章都协调不好一个地下管线的问题，这里面到底是我们缺钱的问题，还是说体制机制上有问题？我们好像从来不讨论这样的问题，总是忽视债权人、债务人的微观约束，然后为了稳增长，“反正往前冲就完了”。

## 贾康

对于特别值得讨论的隐性债务问题，总体来说特别值得关注的还有一个隐性概念——隐性到底隐在哪里？

到现在为止，没有人能拿到可以说清中国地方政府隐性债务情况如何的数据。学者的推测不作数。有人估计说整个城投债现在的规模有 60 多万亿元，其中 10%~30% 可能是地方政府隐性债务。这个估计的弹性幅度就相当大了，比如说到最高的 30%，18 万亿元出头，跟整个中国的 GDP 相比，相当于十几个点，非常值得警惕。这个方面要进一步讨论，我觉得更应该聚焦到一个问题：到底什么导致了隐性债务？至少第一个根源是，还没有完成转制的地方政府融资平台暗度陈仓，实际上继续搞地方财政信用化的负债，用它的市场主体身份变相地给地方政府筹集资金。

第二个根源是法规要求地方政府不能给非政府主体担责，但实际上有些担保已经形成（一旦出了什么问题，地方政府难逃干系）。第三个根源就是人们担心政府社会资本合作规范性不足，产生隐性负债。这些根源都得具体分析。总体来说这三个方面的风险防范和根源消除，要有一个总体思路，然后再分别对症下药。

对于总体思路，我想强调的是“疏堵结合，堵不如疏”。这就是我国

《预算法》作修订的时候已经明确的大思路，是援引大禹治水的古老智慧。政府在市场经济制度创新的过程中，一定是要举债的，政府的财力筹集一定要对接举债投资。这种机制的可持续性需要制度创新加管理创新加科技创新，当然还有观念创新，这是一个配套改革，是我们应追求的以制度创新为龙头带出来的高水平境界。

与这个方面相关联，其实在金融体系里面，一定还要有政府用有限财力作为后盾的政策性金融的充分发展——“政策性资金、市场化运作、专业化管理、杠杆式放大”。

我们原来久已有之的贴息，在2020年曾经大显身手，支撑起了大疫之年对于小微企业提供的优惠贷款。政策性信用担保一直在积极探索。产业引导基金，地方也已特别关注。产业引导基金首先是组建一个政策性的母基金，不直接做项目，以不分红的“金股”带出一群以非政府为主体的子基金，配上一些跟投等权责利捆绑机制，把机制尽可能组合好，然后按照产业政策导向，支持创新创业，这些都是值得总结的经验。

政府社会资本合作现在肯定还要过一个低潮，但是以后的规范发展大方向一定要明确。我认为在中国这是一个非做不可的创新。

总体思路上的疏堵结合就是沿着修订《预算法》的基本思路继续走。我们要有所作为，守正创新，守正出奇，这是中国必须走通的实现中国式现代化之路，这条路比较窄，但我们别无选择。否则你跟着人家常规发展，会越来越被动，我们这些年的增长失速，就很值得警惕。

从当前经济增长速度偏低来说，2023年虽然大概率仍然能实现5%或者比5%更高的同比增长，但是两年复合平均并没有完结2010年以来的下行过程（约为4.5%或更低），关键就是2024年和2025年不能再出现新低。所以我们一定要抓住契机，这里边很多的政策手段是可以用的。公债名称叫什么，其实是一个标签，比如特别国债、抗疫特别国债、地方专项债，从某种意义上讲它们是一回事。地方专项债不计入赤字，跟特别国债一样。抗疫特别国债原本有特定的用途，不加用途限制的话，可以一部分抗疫，一部分做别的事情。

地方专项债还本付息可以长达30年，跟1998年安排的2700亿元特别国债一模一样——30年现在还没到期。如果说一次性还本，也只是2700亿元，现在在20多万亿元财政收入的盘子里，有什么压力？我们有这个弹性调节空间。

守正创新，守正出奇，一定要看清楚市场经济可总结的共性经验，再结合中国国情，我们应审慎但积极有为地利用公债的机制和手段。但总体上我还是要强调，在运用总体安排的公共部门债务资金的时候，必须规划先行，多规合一。要在大规划之下，很务实地追求科学化、精细化，以问责制盯住“全国一盘棋”的合理性，盯住每一个项目的规范性，尽可能实现高水平。

当下，在2023年年中，我认为有必要的话，就应积极考虑适当给扩张政策加码，配置结构优化和质量提升的引导措施。

# 辜朝明

看看今天中国的情况。中国国有银行的十年期平均收益率仅为2.6%。对经济增长势头如此强劲的国家来说，这是非常低的。正常情况下应该是4%或5%，现在只有2.6%，这意味着中国国内产生的所有储蓄没有足够的借款人。

因此，与其只看债券的体量大小，不如看看储蓄的体量大小。要确定哪一个更大，就应该看利率，目前的利率水平非常低。如果政府债务规模过大，利率应该非常高，但事实并非如此。

此外，如果你看看中国的资金流动情况，就会发现中国的企业部门从2016年开始就在减少借贷，这远在泡沫破裂之前。

我不知道借贷和投资下降的原因是什么，但这对我来说是一个非常可怕的信号，因为如果企业减少借贷，但居民部门仍在储蓄，那么最终就会陷入类似于资产负债表衰退的局面。

如果你看看中国的资金流动，你就会知道政府，尤其是地方政府一直在借大量的钱来维持经济的发展。

因此，我认为未来的挑战是，中国政府的赤字，不仅是中央政府的赤字，而是各级政府的赤字、一般政府的赤字已经相当大了。最大的问题是企业一直不借钱。如果企业继续拒绝借钱，家庭就必须继续储蓄。随着经济衰退，情况会变得更糟。政府将不得不在本已庞大的赤字状况中继续借款。

因此，我希望中央银行、中央政府和地方政府共同努力，确保居民部门的储蓄能够被借出去和使用。

而且中央政府可能要采取更多行动，因为地方政府的借贷能力已经耗尽。因此，中央政府必须介入，要么为地方政府的借贷提供担保，要么中央政府自己借钱。然后帮助地方政府投入必要的公共开支，为经济加温，确保借来的“100 块钱”花出去，经济就能向前发展。

# 罗志恒

债务的形成是一个复杂过程，不是一朝一夕的，因此解决债务问题也不是一朝一夕的，不可能有毕其功于一役的解决方式。我们要处理几对关系：

第一是存量和增量的关系。建立机制遏制增量无序扩张，债务要可持续，那就是债务要有利于经济社会的长期发展，同时腾出手来化解存量。

第二是系统性风险和道德风险的关系。总体上中央要坚持“谁家的孩子谁抱走”和不救助的原则，这是严肃规矩并压实地方责任的前提，但是当地方债务的风险达到一定程度，甚至可能引起系统性风险时，恐怕还是需要去救。但如果经常去救的话，又可能会出现道德风险，出现地方政府“躺平”的状况，所以怎么样去平衡好系统性风险和道德风险，我觉得有两个应对的办法。其一是要确定好中央救助的原则，包括风险事件的严重程度，当严重到一定程度的时候，影响到经济大局的时候，需要去救；如果地方政府所做的事情、债务所对应形成的资产，恰恰是中央和地方事权和支出责任不匹配导致的，部分地方政府的债务源于履行事实上的中央事权和支出责任，比如说边疆省份的国防支出等，中央应该担起这部分责任。其二是救助不是无条件的，救助与问责机制必须同步进行。我认为这是平衡好我们系统性风险和道德风险的两个办法。

第三就是显性债务和隐性债务的关系。要逐步推动隐性债务显性化，比如通过发行特殊再融资债券等。

第四是分子和分母的关系。分子端的债务要尽量小，分母端的GDP要尽量大，实际上负债率这个指标在某种意义上衡量的就是投资效率。当同样的债务能带来更大的GDP产出时，即使债务规模绝对值上升了，但是债务相对指标下降了，风险反而是下降的，因为投资效率上升了。

债务问题的解决方案还是要长短结合，短期解决流动性风险和再融资能力的问题，把日子过下去；长期要建章立制，搞改革。

短期的话，我觉得还是先要摸清家底，甄别不同债务的类型，有的是经营性债务，有的是政府债务。甄别债务之后，如果是政府债务，就通过财政化债和金融化的方式去解决。财政化债包括财政部认可的六种化债方式，比如安排财政资金去偿还、盘活存量资金等，还有卖资产。此外，我觉得财政化债很重要的方式就是通过再融资债券让隐性债务显性化。金融化我觉得也有很多种方式：一种是与金融机构谈判后的市场化展期；再一种就是四大资产管理公司去购买一部分城商行、农商行所持有的城投债券。如果城投债出了风险，可能会影响金融风险，这个时候要提前去“拆弹”；还一种比如政策性金融机构发放中期贷款，让商业银行去做的话风险会比较大，毕竟是上市公司了，让它再承担这种政策性的职能，恐怕不是一个很合适的方案。

长期的话，要推动制度改革。

第一，厘清政府与市场关系，界定政府职责与规模，解决政府职能过大、支出责任过大的问题是根本。深化行政事业单位改革，强化绩效管理。

第二，建立适应多元目标治理体系的政绩考核制度和财政评估制度。

第三，建立政策出台前的评估机制和实施效果的问责机制，避免各领域风险蔓延至财政，避免风险财政化透支财政空间。

第四，尽快稳定宏观税负，不宜再出台大规模减税降费，对老百姓影响不大但有利于推进高质量发展的税种适当进行结构性调整，包括消费税、环保税、资源税等，探索数据财政。

第五，加快推进中央和地方、省以下财政体制改革，下划消费税给地方以增加地方财力，逐步上收事权和支出责任至中央和省级政府。区域均衡发展、调节收入分配和促进共同富裕、社会保障等，减轻市县财政支出责任。

第六，发行长期建设国债用于全国性和跨区域基础设施建设，顺应项目边际收益率递减趋势逐步减少专项债使用，实现长期建设国债、地方一般债、地方专项债三者并行的格局。资金来源与资金投向在期限、外部性、收益性上匹配，分别对应跨区域重大建设、地方基本公共服务提供、地方收益项目开发，从而提高国债和一般债比重，降低地方债和专项债比重。

第七，优化债务区域结构，适度放宽都市圈城市群以及人口流入地区的举债额度（前述增加欠发达地区的举债限额只是限于化债期间腾出隐性债务显性化的空间，此处涉及的是长期，建立在短期债务问题已化解的基础上），同时强化绩效管理，负债与资产匹配、成本与收益匹配，在有优质现金流的资产项目上加杠杆，稳定杠杆率而非稳定杠杆绝对数。

第八，推动城投平台转型为普通经营性国有企业。最核心是要剥离政府融资功能，形成政府与转型城投的清晰界限，真正按照国有资本投资公司和运营公司实施管理。一方面转型城投不再背负政府投融资的包袱，另一方面按照市场化激励约束自负盈亏。

第九，强化财政与金融配合。财政为主，货币金融环境从数量和价格支持财政，避免财政政策孤军奋战而透支财政空间形成债务问题，要发挥政策性金融工具等的积极作用。

财政财政，财是表象，政是根本，要根治债务问题，要从根本上解决政府职能规模与边界的问题，要彻底解决近乎无限责任政府的问题，要彻底解决中央与地方、省与市县财政体制的问题。避免“上面千条线，下面一根针”导致的地方政府尤其是基层政府“小马拉大车”，否则债务问题此次化解后仍将在未来再度出现。

# 张明

在当前的若干约束条件下，如何开展一揽子化债工作？

我的看法是必须双管齐下。首先是要遏制债务增量，其次才是化解债务存量。对中国来讲，如果没有能够治本的遏制增量的办法，在本轮化解完存量之后，过几年会再来一波新债务问题。事实上，我们在 2015—2018 年的化债就是这样的结果。所以，一定要在本轮化解债务存量之前，先把遏制债务增量的治本问题给解决了。

关于如何遏制债务增量，我有四条建议：

第一条建议，要通过财税体制改革让中央政府和地方政府的财权、事权大致匹配。

在分税制改革后，地方政府必须依靠中央政府的转移支付才能实现财政收支大致平衡。但中央转移支付更多是专项支付，需要地方政府有合适项目才进行支持。这就是地方政府不得不“跑部钱进”的原因。过去地方政府主要依靠卖地收入来平衡财政收支，而现在地卖不出去了，地方政府不得不靠举债来应对收支缺口。因此，房地产市场萎缩和地方政府债务膨胀，本身就是一枚硬币的两面。

我们回不到靠卖地来弥补收支缺口的过去了，我们又不愿意地方政府债务继续上升，那该怎么办呢？只有两个办法，要么就是让地方政府享有更多的财权，例如，增值税能不能给地方政府更高的分享比例，或者在宏观税负不显著增加的前提下，开征主要由地方政府享有的新税种；要么就是中央收回更多的事权，例如，未来养老金和医保支出由更高层级的政府来统筹，而且这应该说是大势所趋，在人口加快流动的过程中，只有中央统筹保障性支出，才能更好地解决流动人口的社会保障问题。

第二条建议，未来对于全国性或区域性重大基础设施投资，应该由中央政府发行国债或省级政府发行一般债进行融资，不要让更低层级政府用市场化手段进行融资。

如果回顾过去地方政府债务上升的主要原因，它们投资的大多是公共产品的提供，特别是基础设施。诸如铁路、公路、机场等基础设施建设注定是周期长、收益率低、投资规模大的项目。在西方国家，这种项目主要靠中央和地方政府发行期限长、成本低的国债或市政债来融资。但在中国，我们却主要让三四线城市通过政府融资平台去融资来搞基建。这种融资具有期限短、成本高的特点。换言之，我们这样的融资方式和结构自然会面临期限和收益的双重错配。

第三条建议，要改变地方政府的政绩评价体系，统筹考虑增长指标与债务指标。

虽然现在我们正在转向关于高质量发展的地方政府绩效评价体系，但客观来讲，迄今为止经济增长指标的权重还是远高于政府债务指标的权重。未来在政府绩效评价方面，要把增长和债务统筹考虑。例如，不妨计算每单位债务能够带来的增长是多少。只要把增长和债务统筹考虑，才能促使地方主官真正全面考虑举债的成本与收益，进而真正重视举债的效率。

第四条建议，要推动经营性平台公司转型。在前几条建议都得到实施之后，投融资平台的意义自然而然就下降了。如果融资平台有好资产，就可以转成地方国企。如果它只是一个空壳而没有好资产，就应该关停并转。换言之，未来就不应该有这么多的投融资平台。

在如何化解债务存量方面，我有五条建议：

第一条建议，我们需要一次新的全国全口径地方政府债务审计。在2013—2015年，我们有过一次全国性地方政府债务审计。那时，地方政府都倾向于少报债务。为什么？它们害怕债务申报多了，可能会被问责。结果是中央政府根据地方政府申报的债务额度来分配债务置换指标，少报债务的地方政府自然都后悔不迭。

因此，在开展全国性地方政府债务审计之前，中央政府必须告诉地方政府，这次审计的目的是做什么。应该直接向地方政府明确，这可能是中央与地方政府合作化债的最后一次机会。如果这次不把债务报出来，以后地方政府只能自己消化隐性债务。

只有这样做，才能让全口径地方政府债务真正暴露出来。随后，我们对地方政府债务要区分，主要是区分为因提供纯粹公共产品而举借的债务和其他债务两类。

第二条建议，针对地方政府因提供纯粹公共产品而举借的债务，如果市县级政府没有能力化解的，就由该省省级政府发一般债进行置换；如果省级政府没有能力化解的，就由国家发行特别国债进行置换。

这种操作可能会被认为损害了省际公平，但在我们的体制下，无论如何都会有大量从东部到中西部的转移支付，不从这个渠道转移，也有其他渠道转移，所以讨论省际公平意义不大。

第三条建议，针对不是因为提供公共产品而产生的债务，要由地方政府自己来化解。地方政府自己如何化解呢？其实就两招：第一就是出售资产。大家可能已经注意到了，现在但凡有好的地方国企的省份，都在通过转移国企股权的方式来化解债务。比如说茅台、泸州老窖、洋河等，地方政府都已经把其部分股权转移给省级财政或其他机构了。当然，对好的地方国企而言，地方政府肯定是不愿意转移控股权的。第二就是地方政府和银行等债权人经过协商进行债务重组。这就意味着银行等债权人必须要为此付出代价。诸如遵义道桥这样的重组案例无疑会大规模推广，由地方政府和商业银行来共担化债成本。

第四条建议，要通过保持宏观经济的较快增长来帮助化债。当前中国经济最大的问题是经济增速下行到目前为止还没有遏制住，这非常令人担忧。债务问题是个分数，分子是债务，分母是经济（GDP），如果经济增速下行太快，债务压力就会变得更加沉重。中国经济就好比一辆自行车，只有保持足够的速度才能有足够的稳定性。速度越慢，各方面掣肘因素就越会纷至沓来，从而很难保持稳定。因此，当前一定要果断实施反周期宏观政策，尽快化解需求不足和消除产出缺口。

第五条建议，要尽快制定关于地方政府债务违约的危机处置预案。尽管爆发危机是小概率事件，但是我们一定要有一套危机应对预案。例如，一个城市发生了债务违约，应该怎么应对？多个城市连片发生债务违约，应该怎么应对？债务违约控制在城投公司内部，应该怎么应对？债务违约风险扩展到商业银行体系，应该怎么应对？债务违约在中西部成区域集中爆发，应该怎么应对？因此，必须要有一套预案。这样一旦风险暴露，我们就可以根据预案来进行处置，不至于到时头痛医头、脚痛医脚。

在上述化解债务存量的具体方案中，一个核心逻辑就是中央政府一定要积极主动参与地方化债。没有中央政府加杠杆，成功彻底化解本轮地方政府债务就非常困难。中央政府越早介入且以越透明的方式介入，总成本越低。如果等到地方政府债务大规模违约进而影响到商业银行体系安全，那时再介入的话，成本就会高很多。

最后我还想补充两点：

其一，通过中央政府与省级政府举债来化解地方政府债务，是最透明、成本最低的方式，相比之下，通过让商业银行体系给地方政府提供几十年无息贷款来化解危机，这种方式不太可取。

如果采用后一种化债方式的话，相关贷款的成本是由商业银行承担还是由中央政府承担？如果商业银行由此出现经营困难，责任应该算在谁头上？这是否意味着过去的商业银行市场化改革出现了倒退？

虽然化债必然会投入资源，但是债务重组还是应该主要通过市场化方式来进行，不要通过金融抑制的方式去解决问题。后者会加剧市场扭曲与激励机制扭曲，长期来看弊大于利。

其二，我们一定要用动态、跨期的眼光来看待财政政策空间。

有一种意见认为，中央财政资源非常宝贵，只能用在最后最重要的关头。对此，我们一定要用动态眼光来考虑问题。如果不及时化解地方债务，经济增速再继续下行，未来的财税资源会越来越萎缩。如果我们能够动态、跨期地考虑问题，当前其实就是我们大规模投放财政资源来刺激经济增长和化解存量债务的最佳时间窗口。

# 陶然

我们不能够像过去那样，我也不同意再进一步地进行货币和财政政策大规模刺激，包括中央政府大规模地去发国债刺激。当然，发一定的国债是有必要的，还有央行降息。但现在应该尽快下决心推动全国范围内的债务重组，而且应该有步骤地对连利息都还不起的一些地方政府开展较大规模的财政重整。

换句话说，需要在全面摸清地方债务存量的基础上，由中央政府进行统筹，对那些负债过高、利息难以支付的地方政府采取多种措施，包括发行国债、变卖部分央企资产来承担地方政府的部分债务。但是与此同时中央必须在债务重组的同时，要求这些地方政府进行财政重整。

中央可以承诺承担一部分地方债务，但是同时必须要求地方政府首先变卖所有可以变卖的资产还债，同时严禁地方开展新的基础设施建设。中央政府同意承接地方部分债务的基本条件是，地方政府必须要全力减员增效，地方财政收入只能用于保基本运转和保基本公共服务，任何多余资金都必须用于还债。当然中央政府还可以考虑与银行为主的债权人协商，实现部分地方债务的降息和展期，以此为中央统筹制定全国债务重组方案创造条件，确保国民经济和金融安全的底线与全国性的债务重组及地方财政重整相整合、相结合。

还必须坚决推动结构性改革。结构性改革主要是国企和土地改革。政府都需要变卖国有企业股权取得部分资金还债，并以此为契机，有效地打破那些行政性垄断行业的国企垄断。土地制度改革则是需要在房地产市场稳定之后，明确推动相应的土地改革措施，逐步打破人口流入地城市住宅用地供应的垄断，增加住宅用地以及商品房和租赁房的供给，逐步消除这些城市的房地产泡沫。

总之，只有尽快通过全国债务重组和大范围的地方重整，与此同时，尽快全面推动市场化改革来拉动经济增长和增加就业，最终才能够做大国民经济总量和做大金融系统资产的总量，为降低不良债务的比例，化解金融和经济的系统性风险，实现经济的软着陆和长期繁荣创造条件。

所以再说一遍，一些学者不断强调中央政府现在要敢花钱、政府要主动花钱，但是实际上过去十几年间，各级政府一直在主动花钱。不仅政府财政支出年年提高，而且各级政府通过央企和国企从国有金融系统进行了各种借贷，推动了各种大规模、超常规的基础设施建设，高铁、地铁、公路、工业开发区、新城区建设都已经过度，整体投资的回报率却极低，而且很多地方政府已经开始出现利息支付困难、资不抵债的问题。在这个情况下想通过中央来加杠杆和通过政府花钱来解决问题，只会进一步加大无效建设，给未来带来更大的隐患。

再来说一下民间投资。现在经常讲民间投资之所以意愿低下，主要还是因为好的投资机会非常稀缺。民资是可以进入，但自由进入的行业都已经出现严重的产能过剩和内卷，民企像过去那样赚钱的机会基本上没有了。房地产市场又出现了信心不足，在这种情况下，无论是货币政策放水，还是财政加杠杆的效果都不会好，只有通过结构性改革，打开垄断部门，给民营企业真正的机会，才能够稳定民营企业信心，同时带来经济的长期可持续增长。

上游制造业要展开更加充分的竞争。具体的做法可以是，考虑把这些很多巨无霸公司拆分，加大竞争，在这个过程中把一些股权出售，各级政府就利用资产出售收入还债和充实社会保障资金。

现在还有一个很大的问题是，我们的主要人口流入地城市房价已经到了超高的水平，如果直接推动集体建设用地进入住宅用地市场，那么不仅地方财政马上会遭受重大冲击，房地产泡沫大概率也会迅速破裂。

所以即使我们的改革方向对了，改革突破口找到了，也还需要一个比较巧妙的政策来实现精准的改革力度。我出版过一本书，书名叫《人地之间》，在书中我提出了一个打破地方政府住宅用地垄断供应的解决方案，就是允许地方政府继续利用储备土地提供住宅用地的同时，中央政府要求地方必须从现有的存量低效用地中，以挖潜的方式提供一定比例的新增住宅用地。

分析表明，这样的创新模式是在充分考虑地方财政对住宅用地出让金高度依赖现状的基础上，通过上级政府施加一个合理的要求来引导地方政府将存量低效用地的一部分转化为住宅用地。这个过程能够充分地调动这个城市土地，包括城市郊区集体土地，还有国有存量低效用地的权利人的供地积极性，可以在对土地财政不产生过大影响的情况下，实质性地打破地方政府对住宅用地的垄断，最终实现城市住宅用地和住房供应的有效增加。在拉动经济增长的同时，逐步减少直至消除房价泡沫及其隐含的巨大金融风险。

这个改革其实跟中央政府最近提出在超大特大城市加快城中村改造的方向是一致的，就是要在人口流入地城市增加住宅供应。但是，由于过去几年的调控，即使一线城市的房价也开始出现了下跌。如果新增的住房没有人敢购买，那么改革也推不动。所以我觉得针对这一轮楼市寒冬，必须要想办法先把楼市稳住。如何稳住？光放开限购、限价、限贷是不够的，需要“三箭齐发”，才可能稳住。哪三箭呢？

首先尽快、全面地在全国所有城市，包括一线、二线城市全面停止和取消所有房地产的限价、限购、限贷政策，只有这样才能够让开发商尽快回收资金，并增加对房地产业的投资能力和信心。

同时让购房者，无论是刚需购房者、改善型购房者还是住房投资者，都能够无障碍地购买商品房，首先让房地产市场充分活跃起来。

其次，明确宣布未来一段时间，比如15~20年，中央和地方政府不会出台任何以住宅地产为对象的房地产税。因为现在我们大概城市里面90%以上的家庭都已经有一套住房，20%~30%的城市户籍家庭还有两套或更多住房。这时候你如果提出来开征房地产税，哪怕是只对第二套或以上的住房开征，即使处于动议的阶段，政策还没有实施，都会让那些有多套住房的家庭抛售住房，很容易带来房价迅速下行，结果房地产税没收到，房价跌下来了，地方政府的土地出让金会大幅下跌，相当于偷鸡不成蚀把米。所以干脆明确宣布不做了，以前不断地宣传要搞房地产税，这是警告大家不要再去炒房了，而现在大家也不怎么敢炒房了，所以应该跟大家表明态度，不收了，希望大家尽量把房拿住。

最后，我觉得也是一个目前成本比较低且应该做的动作，那就是政府现在直接宣布现有商品房的土地使用权期限从70年调整到永远。现在目前中国大部分城市商品住宅还有30~50年的土地使用权期限，政府现在直接宣布满70年以后无条件续期，就能够比较有效地稳定大家对城市房地产市场、对中国政府和中国经济的信心，而且这个永久产权实际上是永久土地使用权，中国城市土地所有权仍然是国有。永久使用权其实是全世界绝大部分国家对住宅用地及其附着的住房产权的惯例，现在宣布这个措施，对政府而言成本很低，但对市场信心的提振和它所带来的收益却可能很高。我觉得首先要通过这些措施稳住房地产市场，然后再推动一些结构性改革，包括土地制度改革、国有企业改革，在拉动经济增长的同时，变卖一部分国有土地和国有资产，先去偿还巨额债务，这样的话就能够比较有效地化解当前经济所面临的巨大风险，为下一轮中国经济的再腾飞创造条件。

# 周天勇

我认为房地产及一些基金债务有脆弱性。根据我们实验室计算的数据，城镇的房地产约有4亿套房屋，城镇中户籍人口加上流动人口约有8亿人，4亿套房子、8亿人，够住还是不够住？稳定还是不稳定？不说是大周期还是小周期，你就把它当作一个支柱产业，我认为不可能。

一些学者说可以出售国有资产，当然卖了以后会怎么样我不太清楚。2022年国务院的国有资产数据为360万亿元，国资委的地方国资和中央国资加起来大概是290多万亿元，这两个数据不一样。但是从总体上讲，国有资产收益率不行。

城投的资产质量更差，它是把公共产品打包后到银行去抵押贷款。

因此值得关注的是地方政府，债务规模巨大、资产质量存疑、收益不太行。如果不采取措施，则将出现GDP增长下行压力，以及存量资产缩水风险。

大家都在谈债务，但是没有谈资产质量。没有重视资产质量，没有重视资产的整个盈利能力，我认为这可能是我们在研讨债务问题时的缺陷。

我认为土地与房屋是保证信用和稳定币值的基石。GDP增长是保证债务的基础。2022年有360万亿元的债务，即使按照3.5%的利息率，每年需要还12.6万亿元利息。要能至少支付利息，GDP增长速度要不低于债务利息率。

我认为解决债务问题的方法有五种：一是一定要保持一定的经济增长速度，没有速度肯定不行；二是降低利息；三是化解债务；四是抑制债务再次快速地增长；五是增加资产负债表上的资产。

大家可能都忽视了增加资产表上的资产这个解决方法，辜朝明先生的观点中，财政刺激政策或许不可行，但其提出的资产和负债的关系是对的，资产和负债失衡的话就会产生问题。

1950 年前后欧洲的一些国家，比如法国以土地资产为抵押和入股发行过货币、成立过银行。美国独立战争和南北战争及其后的发展和货币稳定过程都和林肯的宅地法有关系。

中国城乡土地和农宅二元体制既是问题，又是潜在的资产资源。我们现在不是让所有土地成为资产，而是把一部分土地作为生活资料。既然是市场经济，这部分土地是资产，那部分土地是生活资料或没有价格的生产资料，这行不行?

所以我认为国民经济如同一台运转的机器，需要各部分的耦合和协同。如果这一部分住宅是生活资料，那一部分住宅是市场化资产，比如城市里的资产，那么就会有很大的资产财富差距，就无法耦合，也无法实现国民经济的运行。

城乡土地农宅作为不能交易和无价值的生产生活资料，无法实现要素的市场化配置。无法实现资产化“抵押—投入—交易—收入—还本付息”，无法实现“信用保证—币值稳定之锚”等方面的循环和交互。

在市场经济体系中，土地和房屋所有制的结构和形式必须和市场经济耦合，否则社会主义市场经济这一机器会卡顿、损坏。如果现在不解决这个问题，那么 5 年或 10 年以后债务和金融体系风险将会加大。

未来债务的增长速度很可能快于 GDP，而现在只剩 550 万亿元资产，且资产价格仍在缩水，如果不放出一些资产，风险会加大，因此城乡土地产业链资产化刻不容缓。

第一，完善宏观的企业资产负债表平衡，保证国有企业经济体系的安全，这个战略需要坚决推进。第二，550 万亿元资产的缩水将给未来带来更大的问题，但是经过我们实验室的计算，如果把所有土地都放开交易，将其变成资产，那么就会有 900 万亿元资产来扛住任何债务问题，因此我认为有必要换到这个思路。

应进一步深化改革三权分置，使农村耕地和宅院可交易、可定价、可资产化。另外，保证公有制不变，保证社会主义市场经济这一机器不变。按照宪法进一步加速修改《土地管理法》和《村民组织法》。现在只有村民才能购买土地，但现在很多农村的村民都走了，也不让你购买他们的宅院，这需要改变。

最后，我们需要进一步改革，建设一个有活力、有财富且经济安全的社会。

# 赵伟

在讨论化债问题时，我觉得大家讲复杂了，其实只有当存量债务对现金流自由度形成实质性压制的时候，债务问题才是问题。债务问题归根结底是现金流问题，所以决定债务是否可持续至少有三个核心变量：存量债务规模、存量债务的融资成本、自身的现金流能力。抛开这三个要素中的任何一个，讨论债务问题都是有问题的。比如简单地横向比较后，就认为中国债务扩张还有很大空间等。

债务问题有点像人的心血管毛病，在没有暴露出问题之前没人会关注到它还能出问题。一旦有问题暴露就必须要注意。从发现血管有堵点的那一刻起，下一个阶段要担心的就是哪天会不会突然心梗或脑梗了。换句话说，债务问题一旦暴露一定要重视，它说明有些部分的现金流自由度已经到极限了。如果广泛存在，那么宏观调控政策一定要重视，说明梗死的风险明显大面积上升。

决定债务是否可持续主要是三个核心变量，那么对应的化债思路也很清晰地指向三个方向：

第一类，“债务缩减类”政策，就是把存量债务规模做小。对应的操作手段莫过于债务降级、破产清算、债转股、资产剥离或者变卖资产填窟窿等，这些都是把存量债务规模做小。

第二类，“降低成本类”政策，就是把存量债务的融资成本拉低，典型的政策手段就是债务置换。必须要将存量债务的融资降低。

第三类，“提高现金流能力类”政策，对应的手段包括把存量的一些资产盘活或者加快产业结构的转型升级等。

我们现在的情况是，研究层面讲得过于复杂了，实践环节又容易太简单粗暴，容易夹杂利益层面的考量。在现实经济运行中，项目跟项目之间是不一样的，每一个项目最优的化解思路也是不一样的，应该打组合拳，任何一个单一手段都不足以“兜掉”这么大的问题。

所以，最可行的思路是先对债务问题进行甄别分类，然后再做方案设计，设计过程中要考虑到央地博弈问题、地方激励问题，以及地方政府财政收支的长期可持续问题。换言之，债务问题的化解不是止步于债务问题，而是要涉及财政体系的改革等。

如果把研究比作前端，把实战比作后端，我们眼下前端研究工作搞得太复杂了，有些问题讲得特别拗口，而我认为前端不应该复杂，应该复杂的在后端执行环节。政策执行环节是难点，也是我们应该投入更多研究的地方。

目前存在一些在我看来有点问题的思路，比如经常会有专家讲希望中央发债把现有地方债务兜掉或者让银行兜掉。正如我之前提到过的，化债的思路应该分为三大类，现实当中应该是在三大类近十种政策手段中，选择最适合的政策手段打组合拳，这才是最优方案。

让中央发债帮地方政府兜掉，会破坏规则；让银行兜掉，会降低效率；让地方发超长期限的债把现存债务全部换掉，也有很多麻烦。眼下时点做债务置换的效果，跟 2015 年的那波债务置换相比，会大打折扣。2015 年是用 5% 左右的债置换 15% 左右的债，有一定合理性，债务压力的降低效果也比较突出。2015 年经过几年的转型，实体经济的回报率已经大幅度下降，原本 15% 左右的债务成本在当时已经不合理，对债务方来讲是扛不住的，用

5%左右的债务置换有一定合理性。另外，2015年债务置换，导致对债务方而言，每年本金和利息偿付的压力都明显下降。然而现在时点的债务置换，利息压力降低的幅度不会太大，更多是将本金偿付的压力摊平到未来更多年。用个直白的例子，在三四十岁能承受压力的时候不承受，分摊到五六十岁的时候承受，中国社会的老龄化问题在未来几年就会加快暴露。债务置换可以给地方政府短期腾挪出一定现金流自由度，为进一步的化债方案推进提供腾挪空间等。但是，如果债务置换成了化债主要手段，根本性问题就丝毫没有解决。

我们还经常见到的一种心态，这种心态认为这些都是地方政府自己搞出来的问题，要让它们足够地痛过了，再去救助它们。这种心态也有很多问题，因为债务相关的问题拖得越久，成本越高。应该“先治病”。

其实痛到这个阶段，很多地方政府已经没有招了，或者换句话讲，惩罚地方政府可以在别的地方惩罚，在别的地方设计规则惩处，而不是放任债务问题继续累积。现在的状态相当于部分地方政府背负的责任压力已经过大了，抽鞭子是没用的，再抽一鞭子，很可能它们就选择躺平了。一旦躺平，它们就再也不愿意站起来，容易出现“鞭子抽到哪里，哪里就躺平”的问题。

大家老觉得地方债务是不能违约的，因为一旦违约，当地的融资成本会非常高，严重影响融资环境。然而，不让市场化违约，成本会在其他方面体现出来。比如某些地方政府跟银行谈，说我们当地资质差，融资成本可不可以低一些，再做个长期限的展期。谈成之后，当地其他平台也跑过来跟银行谈，说我们的资质更差，可不可以更低。这样做是违反市场规律的。这样做会导致什么结果？金融机构但凡有选择，都不会给这个区域的任何机构贷款，当地的机构就不得不找更远更高息的资金，这会让当地实际的成本更高。所以，我觉得这也是常见的一个错误。

最后我谈一谈我个人认为不可取的常见的侥幸心理。

第一，认为是短周期问题，可以回到原有的模式。其实眼下我们面临的问题不是一个短周期问题，而是增长模式切换的问题。当下最可类比的是我国的 20 世纪 90 年代末期，然而我们现在进行政策建议、政策研究时，很多人把问题当成一个短周期问题在讨论，这是有侥幸心理的，总是觉得努力一下，可以回到原有的模式去，这是不可能的，原有的模式已经走到头了。

第二，大家总是觉得只要今天开始化债，债务问题很快就可以解决了，这也是常见的一种侥幸心理。20 世纪 90 年代末，多项改革同步推进，而经济到了 2003 年之后才起来。而且，2003 年的经济复苏是在全球共振复苏的背景下发生的，是中国加入 WTO 之后的事情。换句话讲，债务化解的过程是需要时间的，两三年不一定搞得定，得需要一些年的结构调整，我们不能抱有很快就能解决的侥幸心理。

第三个侥幸心理，大家对化债过程中的经济“阵痛”普遍感知不足，甚至有人觉得可以“无痛”地渡过这个难关，这不现实。债务问题一旦成为问题，就是债务方扛不住偿付压力的临界点，这个时候必须由债权方，甚至全社会帮债务方一起分担部分压力，债务方才能缓过来，扛过压力阶段并完成转型，才算真正地完成整个化债过程。在这个过程中，很多经济主体都要承担部分压力。

第四个侥幸心理，我们总是习惯用宏观视角分析微观问题，认为债务可以无限制地加，这在现实中是不可能的。前几年有个段子很有意思，说“80 后”的员工可以狠狠地压榨，因为他们背着房贷，所以不敢离职；“90 后”“00 后”千万不要给压力，他们要么家里很有钱，要么不愿再买房，他们可以随时炒掉老板。

“80 后”作为最苦的一个群体，在最该有创造力的时间段不敢冒险了，这会影响到整个社会的创造力。在最有创造力的时段不敢冒险了，说明了什么？说明债务对经济的影响不是我们宏观角度的理解，债务压力加到一定程度，对现金流自由度形成实质性压制之后，对微观主体的行为就会形成反噬。债务问题是连接宏观跟微观的纽带，它不只是一个宏观问题。

经常看到宏观经济专家建议，杠杆可以无限制地加。而在我看来，存量问题不解决，增量不停一是做不出弹性，二是只会进一步加大存量问题。之前有个小视频讲房地产问题的，我觉得讲得特别好，在债务问题的分析上也是一样的情况。房子的问题在于房价过高，超出了代际间的自然承受力；导致房价大幅上涨的政策的短期效果已经在明显减弱，还会导致未来更大的矛盾。债务的问题在于存量债务过大，债务方没了现金流自由度，不解决存量问题，只想着做大空间，短期效用微弱而长期成本巨大。

# 陆挺

应对现在出现的经济增速螺旋式下降风险，第一，及时止血。中央政府或其央行要扮演最后贷款人的角色。无论是对出问题的金融机构，还是对那些已经有很强金融属性负债巨大的开发商，要适时介入，尤其是要承担保交房的任务。从法理上来讲，作为预售资格和预售款管理的监管机构，政府对开发商是否能够交房是要承担一定责任的。从增加中央政府支出的角度来看，把资金用到保交房方面，既能够托住总需求，又能托住民众对房地产市场的信心，还能保障社会稳定，可谓一石三鸟。目前，2000亿元的央行再贷款额度实际上只用了一个零头，因此迫切需要解决其中的瓶颈问题。

第二，输氧。保障地方政府的基本运作，加快对地方政府融资平台的还本付息情况摸底，及时纾困，但必须同时加强约束机制，确保地方政府融资平台不要出现大面积违约事件。

第三，激活。应加速建设已开工的基建工程，特别是跨区域的重点工程。保障和加速人口净流入地重点城市的基础设施建设，从而确保这些建设不是浪费国家资源。

第四，抓住“牛鼻子”——最关键的是要牢牢抓住房地产这个“牛鼻子”。很多人可能会质疑这会走老路，但要激活房地产业未必要走老路。房地产仍是中国经济的重要支柱，因此必须激活。在此次暴跌前，房地产占GDP的25%，占整个中国公共财政的近40%，占居民财富的近80%。过去几轮危机中，房地产都是每次复苏的发动机。2016年下半年，银行新增贷款一度超过50%是房地产行业的——而2023年一季度仅有6%。可以说没有房地产的复苏，整个中国经济的企稳复苏是非常困难的。一些观点认为，房地产维持“L型”走势——下滑后稳住就行。然而，这一观点忽略了房地产这个庞大产业板块的复杂性。过去两年整个中国房地产行业的活跃程度和对各方面的贡献下降了将近一半，仅仅依靠自然稳定实现“L型”是不现实的。一定要有政策的干预，否则很可能导致房地产业、地方政府以及与其相关的多个产业陷入螺旋式下滑。

第五，刺激消费。现在有不少学者一开会就说中央政府应该给大家发钱，但如果钱的总量是有限的，该给谁发钱呢？给农民。我认为政府过去欠的最多的一笔钱，就是给农民的钱，尤其是农民养老的钱。我估算了一下，我国现在大概有1.7亿60岁以上的农村老人，他们的平均退休金大概每月不到150元，我认为这个群体是最应该被补助的。

最后说说化债问题。以我国目前的整体债务水平和中央政府的债务负担来看，化解地方政府的隐性存量债务是有能力的；化债的关键不是存量债务，而是在化债的过程中建立一个地方政府新增债务的新的总量控制机制。因此，我认为化债最关键的一步还是要跟城市化及房地产关联起来。我们需要找到一个新的债务总量控制机制，在探索建立新机制的过程中，一方面要让经济活起来，不然地方政府债务问题只会越来越糟糕，存量的问题还没有解决好，更严重的新增债务问题又来了，我们现在就是这样的情况。另一方面，要特别注意债务在地区间的分布。其实过去十年的化债工作也做了不少，结果是地方政府的债务杠杆还是越来越高，而且出现了较为严重的区域错配的情况。平均而言，经济落后地区的债务总量增速和债务杠杆上升速度远高于经济发达地区，偿债能力进一步恶化。

为了解决上面两个问题，增加中央政府的财政支出确实有必要，但更关键的是要松绑，要在一定程度上恢复市场对资源的配置，包括资金和土地资源的配置。过去若干年，在资金上因为棚改货币化增加了不少中央计划的成分，又因为软预算约束，缺乏市场监督惩罚机制，导致了不小的资金错配问题。化债的实质就是要提高资金配置的效率。城市用地资源在全国范围内的配置也要尽量根据人口流动和其他经济指标来制定，尽量让市场参与。其实中国城市化的空间布局还有很大的调整空间，过去若干年因为种种原因，资源确实是在向较小的城市倾斜，城市集中度不够，建设中心城市和城市群的力度不够。我们应该从发达国家看到普遍经验，城市化和人口向大城市集中是必然趋势，而且大城市确实具有规模效应和集聚效应，有利于科技研发。具体说来，城市的住宅、商业和公共建设用地的供给数量应该和就业、户籍人口或参加社保人数等指标紧密挂钩。考虑到城市的规模效应，挂钩的模式可适当向中心城市和城市群倾斜，加大这些城市的住宅用地供应。这样给定一个放松的预期和给定增加土地的预期，房价未必失控，我们要解决房价的问题最终还是要靠供给。这个做法也有利于提高投资效率，最终有利于化解地方债务。

当然，最后一个维度的松绑就是在当下大幅度放松诸如限价、限购和限售等房地产调控措施。在松绑的过程中，中央政府扩张性财政政策也应该适度向户籍人口数量增加较快的城市倾斜，以此来鼓励城市开放户籍，尤其是用来帮助农民工落户和新的大学生落户。涉及棚改、城中村改造和保障房建设的中央财政资金也最好与人口流入和户籍人口增加等指标挂钩。

陈淮老师讲到日本在20世纪80年代末的大都市房价泡沫是因为人口过度流入大城市，我认为这个观点值得商榷。（今天这个会场有些辩论，我觉得这样很好。）如果说日本房价在1991年快速上升是因为人口流入，那么1991年以后，日本东京的房价、地价下跌了87%，东京的人口去哪里了？

有没有大量流出？其实没有，整个90年代东京的人口一直是上升的。东京在90年代房价大跌的原因究竟是什么呢？其实东京发生的事就是明斯基时刻。债务和杠杆增长也有其非理性的一面。我认为中国未来的经济发展还是要顺应人口流动、产业集聚和城市化的潮流，符合客观规律的城市化也是化解地方政府债务的最好办法。

# 裴武

一揽子化债最近是“冰火两重天”。对于一揽子化债，债券市场很亢奋，大家预期中央会置换，但是如果我们细读一下整个文件的要求是要制定一揽子化债方案，就能明白责任主体只能是地方政府，这是执行层面很重要的概念。责任确定的话，就需要地方政府拿出切实可行的方案，哪怕这个方案可能类似于遵义模式。所以我们可以推测 7 月 24 号的会议，其实可能是之前一部分文件的延续，是优化权责配置和财力格局，是增强财政体制的适应性和有效性。所以我们倾向于认为，中央不太希望地方去博弈这个事情。

怎么理解一揽子？首先，如果置换能把所有的问题解决，那么置换就是一锤子买卖，就不是一揽子方案。其次，一揽子背后它有中央的显性表态，也就意味着我们承诺债务的处置（它和金融体系是一体两面的），就一定是在大政府的背景下，在中央政府的呵护模式下解决，解决行为的最后决策人肯定是中央政府。

接下来，从城投角度和大家聊一聊我们的一些看法。先说两个推论：

推论一，债务风险本质上不是风险太大，而是债务与资产太不匹配。债务和银行资产构成一体两面，整个隐性债务加上地方债超过了百万亿元级的体量，不可能毕其功于一役地消化掉，因而是长周期变量，这是大前提。

推论二，债务本身不构成风险，核心是锚定资产、现金流预期、潜在的外部收益。所以债务处置和地方政府所拥有的资产是密切相关的，代表着整个债务的依附吸收和化解的真实可能性。进而我们聚焦于三个问题。

第一个问题是，城投债本身是去信用化的走势逐步收敛于利率的债务品种，资本市场已经给出了一定程度的解释。

简单的逻辑就是城投融资如果是可持续的，产生的现金流应该是远超付息成本，也就是城投的再融资逻辑应该落脚于收益能力大于付息成本。但是短期收益是没有办法快速增加的，只能通过政府管控，压降付息成本，达到这样的效果。

因为城投本身是非市场化经营的主体，可以近似替代为地方政府公司化进程的载体，其信用本源其实也不是经营，而是对地方政府的贡献度，体现在路桥、基建、区域产业环境、基础设施这些层面。但是这部分其实不应该是高息融资驱动，比如基建的收益是长期的、间接的，市内的公路又不可能去收费，所以这部分投资最好还是匹配预算内和专项资金，但是事权其实一直往下放，但财权没有办法匹配，地方政府只能搞土地财政然后再搞土地金融、搞城投债，但是后遗症很明显，就是高息融资和高债务积累。所以在当下的背景下，融资成本过高是不可持续的，城投低息化才是符合化解风险的思路和趋势。

具体落在两个层面。第一个层面就是举债时承诺了一部分地方政府信用，部分区域甚至狂飙猛进，因地方政府也有责任对这部分的债务负责，所以在化解的时候一部分信用注入，来降低成本，使之平滑到期，所以我们会看到一些政府文件里会把刚性债务的平滑作为首要目标。第二个层面就是城投债本身和基建的关联度高。这些偏长期的具有外部性的建设不应该通过高息融资来一直滚续，从地方政府的利益诉求角度来讲，需要梳理区域的资产和负债的匹配可能性，部分债务才可能接近债务重组的视角。所以我们在这个视角可以推断出，城投债不会再像从前一样有很明显的周期性。大多数城投债未来的走势可能和利率债的定价其实比较接近，它定价的逻辑不应该像市场化的主体一样从风险补偿的市场逻辑切入，而应该是从地方政府平衡到管控和化债的类似这样的逻辑切入。

也就是说，我们的研究要逐步地从平台研究转到地方政府、区域产业和资产整合上。

第二个问题是，各地政府的城投债的阶段不是均质的，也就意味着全国的处置只能因地制宜，甚至有些地方需要走结构性的处置。

这是什么逻辑？比如说山东的城投债、河南的城投债、江苏的城投债是不是不同？以人均公共预算支出为例，可以衡量整个基本公共支出的均等化水平。2008 年江苏是 4200 元，河南只有 2400 元；2022 年江苏是 17500 元，河南只有 10800 元（大概河南只有江苏的 6 成）。也就意味着中部的强度是明显不足的，所以有些地方应该降杠杆，有些地方可能是稳杠杆，但有些地方必须加杠杆。比如在执行中西部崛起的战略时，国家对中西部的倾斜只能变多才符合经济现实，包括我前阵子去的新疆，它有一带一路口岸，2023 年的数据还是蛮好的，这些地方加杠杆的逻辑是对的。

再比如说，河南航空港区是河南 2023 年打造的增长极，怎么去平衡其债务和资产形成过程？它的债务复合增长率其实挺高的，4 年的债券复合增长率大概 50%。但是从资产和债务依附的角度来讲，它的债务又似乎好像还可以，为什么？第一是有两个比较大的产业链——富士康、比亚迪。富士康电子产业链大概占了河南省全省 60% 的进出口货值，高峰时占了苹果出货量的 60%，富士康员工约 35 万人，按 3 人 / 户计算，直接解决 105 万人生计；比亚迪产业链也一样，3 万名员工，规划的产能大概 100 万辆，按照 15 万元 / 辆计算，每年产值至少 1500 亿元，这还不算相关的配套，包括电池等配套可以拉动接近 10 万人就业，然后每个家庭 3~4 个人，相当于是支撑起了一座县城。所以河南这个地方，在内循环的大背景下，劳动力优势很明显，劳动密集型和加工制造业符合自身的禀赋，这种加杠杆的债务有效率，也有必要，而且整个河南的城镇化率其实严重低于全国均值，好多市县才 40% 多，这样的基建强度也是不够的。河南发展阶段跟江苏比可能至少有 10 年以上的落差，所以河南城投债的思路和江苏城投债的思路其实不太一样。

再比如甘肃宁夏这些地方的投资回报率比较高，转移支付其实就能够支撑它的财政，所以国家的投入就能实现比较大的均等化。而东部区域有很大的分歧，还是有一点投资回报率，但是城投作为载体的投资时代应该是过去了，因为传统基建模式在东部效用不再那么大了。而像中部一些省份的城投债完全进入全国降杠杆的通道其实是不太合理的，它们可能需要稳杠杆甚至需要加杠杆。

第三个问题是，投资视角下大家肯定会担心债务化解的时候会引起风险，怎么去量化这种风险和这种担心？因为大家对宏观也蛮乐观，还有最近再融资券也引发了热情，甚至可能有些人觉得所有的城投债都类似于国债的思路，这些认知会有什么误区吗？

其实，遵义道桥贷款展期、兰州展期、昆明寻求金融机构贷款展期等事实，都证明了至少这些行为是被默许的，虽然不至于鼓励，但它是在原则范围之内，比如说债务本身肯定是在政府引导的框架内解决的。但是部分风险是需要拆解的，所以我们在这个时候怎么看待风险和风险背后的救助机制呢？

首先，救助机制是怎么形成的？我们政府的有为其实在某种程度上决定了政府的无限责任，不引发系统性风险是底线，不会被突破，所以基本上不存在甩锅行为。资本市场舆情高发、风险外溢，但当下对城投债券的呵护也是非常明显的，救助机制其实有赖于各级政府的职责明晰，低层级政府遇到极大压力的时候，能够向上争取放大资源协调的边界。比较典型的就是贵州二号文可以视为中央政府对困难时期贵州的资源倾斜，这样的顺畅机制其实对资本市场的提振很明显。像当下天津、重庆争取再融资券，也是对中央一些发债政策的争取，所以救助机制其实是客观存在的。

其次，怎么看待一盘棋？初期其实是没有一盘棋的，是随着压力传导、情势倒逼出来的。像柳州这些地方慢慢通过高层级自治区政府、建行、工行、信达等一大批金融资源介入，逐步形成了资产梳理，包括几百亿元的银行贷款落地，让这些区域进入化风险的通道，所以在这个视角下救助是存在的，但是救助存在并不意味着化解完全靠中央。

总之，债务化解和收敛还是取决于地方的资产抓手、资源互换和长期承诺，遵循地方主责、金融配套、中央托底的大原则。

一方面，只有大的银行才有足够的资源来整合。发债肯定需要大行，离开大行是无源之水，但是大行不是垃圾袋，大行会考虑资产的生息能力、坏账的可能性。所以大行参与化债一定会有地方信用的强注入，地方的资产抓手需要足额到位。比如柳州在争取银行贷款的时候，对于可抵押资产的梳理就费了很大的心思，最后获得大行认可。

另一方面，地方化债一定要地方先出方案，之后金融机构支持，中央有条件地托底，但不是兜底。一揽子的主语也是地方政府，所以中央有救助但并不意味着盲目兜底，如果地方生息能力无限趋近于0，意味着可能重组，所以风险也是客观存在的。

对于各地化解方案，其实是默默接受、因地制宜。只要不是原则性的冲突其实都可以接受，各地化债方案并没有统一的标准，所以地方要去盘家底、争资源。

# 余永定

近期，市场对降息的呼声颇高，原因之一在于中国通胀率趋于下行，环比负增长，这导致中国的实际利率攀升。同时，中国经济复苏动能面临一定挑战，此前 10 基点的降息幅度不足，无法保证真实利率不至于大幅攀升，因此最近继续降息是合理的。

现在学界关于进一步降息有两种不同观点——一是降息对经济有很大促进作用，政府利息率降 1 个百分点可提高名义 GDP 增速 1.2 个百分点；二是实体融资需求来自房地产和地方融资平台，由于两者目前不想或不能融资，经济总体对利息率敏感性大大下降。上海有一些学者认为，实体经济对利息率敏感性大大下降，而降低回购利息率反而可能鼓励套利，套利借来钱买来国债，引起国债波动。

这两种观点，我认为都有一定道理，需要进一步研究。中国货币政策存在的问题可以概括为，鉴于中国目前的有效需求严重不足，货币政策有必要进一步放松，但货币传递机制有待进一步完善。同时，目前市场对流动性和货币需求疲软。货币宽松有其必要，扩张性货币政策本身可以刺激有效需求，但在有效需求不足，即实体经济存在供大于求缺口时，财政政策对于弥补这一缺口可能更为有效。因而，更倾向于首先扩大财政赤字，加大基础设施投资，并辅之以扩张性的货币政策。

有关部门指出“消费是收入的函数”，这种提法是完全正确的。通过发消费券、收入分配、均等化、创造方便消费的条件等办法可以在一定程度上增加消费需求，但如果收入不增加、收入预期不改善，消费需求就难以持续稳定增长。消费是居民的自主选择，消费和投资的关系在很大程度上是今天消费和明天消费的关系。

在目前的情况下，很难指望私人资本会冒险投资。启动经济还是主要依靠财政支持的基础设施投资。加大基建投资是一种老说法，甚至会引发一些负面议论，但似乎并无更好的“方案 B”，而且中国仍有优化基建的空间和需求。在今天，“基础设施”概念已经远远超出“铁公机”的范畴。面对美国的“小院高墙”政策，中国必须支持重大项目（芯片、大飞机等）投资；面对日益严重的老龄化和“少子化”以及现代化城市的地下设施严重落后等问题，中国需要进行的基础设施投资不是太多，而是太少了。

2023 年中国财政扩张的力度是不足的。如果仔细分析中国财政预算的四本账户，特别是一般公共预算账户，可以发现财政支出的一些项目并不构成对社会产品的实际需求，例如一些支出项目实际是转入下一年度财政预算稳定调节基金的支出。粗略的估算显示，2023 年财政预算实际刺激力度小于 2022 年。2023 年经济增长目标是高于 2022 年的，也就是说，财政政策的扩张度小于 2023 年经济增长目标所需要的扩张度。况且 2023 年经济增长目标定得本身就偏低。

2023 年需要提高财政赤字对 GDP 之比，而资金来源并不存在太大问题，因为中国有增发国债的较大余地。

原因有几方面——中国国债对 GDP 之比不高；中国是高储蓄国家，应该有较强的国债需求；中国国债市场规模偏小，增发国债是中国资本市场的大好机会；增加国债在央行资产中的占比，有利于完善央行货币供应调控机制；产业政策需要中央政府提供资金支持。

除降息外，未来不排除央行可以从二级市场购入国债的可能性，实在不行也不排除从一级市场购买的可能性。

值得一提的是，中国2023年比较严重的问题是地方政府债务问题。这引发了一些担忧，但不能认为如果不首先解决地方债务问题，中国就不能采取扩张性财政政策来支持基建投资。一方面我们要解决地方债问题，另一方面也要不受影响地采取扩张性财政货币政策，来支持基础设施投资，否则经济增长速度下去之后，债务问题只会越来越严重，不会越来越轻。

地方政府融资平台债务形成的原因是比较复杂的，应该具体问题具体分析。“当然在许多情况下，地方政府有不可推卸的责任，搞政绩工程、盲目扩张等。这些责任都是要追究的，地方首脑不能一走了之。但应该看到，地方政府承担了进行基建投资的主要责任，但却未得到相应的资金支持。”

具体而言，一方面，中国基建投资项目大多数收益低，且为缺乏现金流的公共产品；另一方面，中央政府对基础设施的融资贡献微弱。在“4万亿刺激”时贡献约为1.1万亿元；在2021年，根据CF40研究小组的测算，中央政府一般公共预算支出对基础设施融资的贡献仅为0.1%。即便有地方政府一般公共预算支出和专项债的支持，地方政府也必须主要依靠其融资平台从资本市场（信贷市场）筹集资金。一方面是低收益和缺乏现金流的公共投资项目，另一方面是较高（在某些情况下非常高）的投资成本。在这种情况下，地方债问题不恶化也难。

经济增速持续下降产生的“磁滞效应”削弱了中国经济增长的长期潜力，这不利于体制改革、结构调整，经济增速的恶化将使其他所有问题恶化。至理名言“发展是硬道理”须臾不可忘记。

因此，中国GDP增速下降虽然有其长期结构性原因，但当期的主要问题还是出在执行扩张性宏观经济政策不坚决上面。体制改革、结构调整同经济增长本来是相辅相成的，不应该被对立起来，不应该认为必须降低经济增速才能推进体制改革和结构调整。当然，执行扩张性宏观经济政策也并不意味着把体制改革和结构调整束之高阁。

# 《十四五与双循环》

ISBN：978-7-5043-8521-5
定 价：69.00 元

《十四五与双循环》汇聚了 17 位一线经济学家的智慧之声，他们围绕“十四五”规划蓝图，从多维度、深层次对当前的宏观经济政策、国际政治经济格局、国际贸易经营策略、科技创新驱动力、医疗卫生体系改革、股市动态以及房地产市场走向等关键领域进行了全面剖析与前瞻。本书通过多元化的视角，深刻解读并展望了我国经济发展的新格局，旨在为广泛的读者群体及政策制定者提供宝贵的洞见与决策参考。